カリフォルニアワインの里
ソノマの暮らし

カフマン恵美子

ブックウェイ

北カリフォルニア初の本格的なワイナリー、ブエナ・ビスタ

収穫期　メキシコからやってきたピッカーたちがブドウを
収穫しています

独立記念日のデザート　花はアメリカ合衆国の色を使って娘が生けました

大晦日恒例のディナー　ニューオリンズのスパイスを使って豪快に茹でた蟹と野菜

娘の法律専門学校の卒業式

色づき始めた黒ブドウ

初夏のカーネロス地区のブドウ畑　私の好きな栽培地区の一つ

アンディの家のクリスマスイルミネーション

感謝祭のターキー　切り分けているのは親友のランス

可愛くて優しかった愛犬サミー

カリフォルニアワインの里　ソノマの暮らし　目次

四季の行事

ソノマの元旦

お雑煮

カタ、カタという音で目が覚めた。相棒（夫・レイ）がお雑煮を作る準備を始めたらしい。窓から曇り空が見える。残念ながら今年は抜けるような青空とまぶしい日差しを浴びる元旦ではないようだ。

タオルなどすべて洗濯したものに取り替えたバスルームで顔を洗う。昨日、親友の家で開かれる恒例のニューイヤーパーティに出かける前に家中を掃除したので、清潔感が漂って清々しい。大振りの白菊、庭から切ってきた松の枝、ナンテンの赤い実を使った我流盛り花が新年の気分を盛り立ててくれる。

洗顔を終えて、身づくろいをして、ダイニングルームへ行く。昨日まで3日がかりで作ったおせち料理が3人分お皿に盛られて食卓に並んでいる。お燗した日本酒のとっくりとお猪口も添えられていた。

相棒はガスレンジの前でお雑煮を作っている。お雑煮は相棒に作ってもらうのが結婚当初からの慣わし。実家では元旦のお雑煮の支度は必ず父がしていた。私はその実家の伝統をしっかり守っているわけだ。もっとも前夜のうちに鰹節と昆布でダシをとってあるので、ダシを温めて白醤油で味を付け、具とお餅を焼いて入れるだけのことなのだけれど、毎年、まじめにお雑煮を作って、元旦の朝食の用意をしてくれる。

大晦日まで忙しく立ち働いた母に楽をさせるためだ、と父ではなくて母が説明してくれた。元旦に掃除をしないのは福が逃げてしまうから、お風呂にも入らないのは幸運が洗い流されてしまうから、という慣わしも、母が教えてくれた。せめてお正月くらいは女性も体を休めることができるようにということなのだろう。

朝の10時30分、サンフランシスコで大晦日を過ごした娘が帰って来た。父親が予約してくれたホテルをベースに、友人たちとわいわい騒いで飲み明かして12時を迎えるのが娘の大晦日。そして二日酔いで元旦の食卓に着く。彼女の友人たちは昼まで寝ているのに、日本人の母親を持つ娘は、日本式を取り入れた元旦を迎えるので忙しい。

3人でテーブルに着く。

「明けましておめでとう！　今年もよろしく！」

「ハイ、オメレトー！」彼らの挨拶はちょっと訛っている。

お雑煮の汁が、昨夜のワインとシャンパンで疲れている胃にやさしく染み渡る。今年の黒豆の出来はどうかしら、とまず黒豆から。

「あら、ちょっと甘かったかしら」と私。

「そんなことないよ。なかなかいいよ」と相棒が答えてくれる。毎年交わされる会話。

娘は今年大学を卒業する。来年はどこで暮らしてどこでお正月を迎えるのかしら。今から来年のことを言うと鬼が笑うよ、母の声が聞こえる。昨夜一緒に大晦日を祝った友人たちはまだ寝ているだろう。我が家は一年のけじめが付く日本式のお正月の方が気持ちがいいというので、毎年このスタイルで元旦を迎えている。

初めてのおせち料理

今から25年前、初めてソノマでお正月を迎えた。若い頃の私は、伝統や慣習というものを軽んじていた。「飛んでる女」という言葉が女性週刊誌で持て囃されていたのをもじって、職場の先輩は「とんでもない女」と私をからかったものだ。

札幌でアパート住まいをしていた私は、12月29日になると江別にある実家へ帰るのが慣わしだった。仲むつまじく台所でおせちを料理している父と母の後姿を眺めながら、手持ち無沙汰な私は、ゆっくりと流れる時間をもてあましていた。おせち料理の作り方には関心がなく、大晦日、元旦と両親のおせち料理を食べるだけだった。

それなのにアメリカにやってきたら、日本のお正月がとても恋しい。「じゃあ、日本のようにお正月を過ごせばいいよ」と相棒が言う。でも、どうやって？

ふとソノマの小さなアパートの机の上に埃を被った古い『主婦の友』があるのを思い出した。この町に数人ほど住んでいる日本人の友人の一人から、季節はずれの数冊の『主婦の友』が回ってきたのだ。その一冊におせち料理のレシピーが載っていた。日本に住んでいたころはこういう雑誌には目も向けなかったので、それを見たときは苦笑したものだ。

でもこのレシピーを基に、生まれて初めておせち料理を作ってみようと思い立った。相棒がサンフランシスコの日本街にある日本の食材を売っているスーパーに連れて行ってくれた。貧乏所帯だったのにもかかわらず、必要なものは何でも買えばいいと言ってくれた。若いころ世界中を放浪した彼にとって、パートナーの国の文化を尊敬するということは、当たり前のことなのだった。

両親がしていたようにお正月を迎える準備として、家の中の整理整頓、大掃除から始めた。すっかりその気になった相棒も一緒に掃除をしてくれた。

そして出来上がった料理はというと、ひどいものだった。ダシの取り方もレンコンは酢にさらすのだということさえ知らなかったのだから。きしきしと硬い黒豆、紫色になってしまったレンコンが入った煮しめ、小魚を入れた昆布巻き、まあまあのナマス。おせち料理ではないけれど、いなりずしも作った。

カリフォルニアでの初めての大晦日は、2人で年越しそばを食べた。除夜の鐘は聞けなかったけれど、静かで平安な大晦日。翌日の元旦はひどい料理を食べながら2人で過ごすものと思っていたら、「こんなユニークな料理を2人だけで食べるのは惜しいよ。ランスとサンディを呼ぼう」と相棒が言う。元旦は何もすることがないから、ランスとサンディは娘のドーンを連れて、2部屋だけの小さなアパートへいそいそとやってきた。ランスと相棒は大学時代からの親友だ。ランスの妻サンディは18歳で結婚してドーンを産み、若くして母親になった。

紫色のレンコンも目玉が付いた小魚が巻いてある昆布巻きも、躊躇することなくパクパクと食べる。まだ6歳くらいだったドーンは、いなりずしがすっかり気に入って、1人で7個も平らげてサンディを驚かせた。ドーンは2人の母親になった今も、私が英語で書いてあげたレシピーでいなりずしを作っている。

おせちと友人たち

このお正月がきっかけで、私は毎年28日からおせち料理を作る羽目になってしまった。年々、お客さんの数が増えて、今では30人ほどの友人知人が元旦の行事として楽しみにしてやってくる。年齢を重ねるうちに体力と気力が落ちて、年末の大掃除はスキップ、週に1度来てくれるマリアにお任せ。次は何をスキップしようかと考案中。おせち料理のメニューは試行錯誤の末、好評なものに絞っていって、最近は10品ほどに落ち着いた。

おせち料理のメニューと材料は、すべてコンピューターに入れてあるから、それを元に買い物をして料理をする。毎年何か新しい一品にチャレンジするという努力は続けていて、今年は牛肉の味噌漬けを加えてみた。うーん、評価はイマイチ（お皿に残っていた）だったので、この一皿は定番にはならない。来年は、また新しい一品にチャレンジしよう。

おせち料理を作るときは、我が家の3人それぞれに役割の分担がある。もちろん私がシェフ、相棒は野菜などを切るのがとてもうまいので、下準備。料理好きの彼は日本の包丁を一式手に入れているので、張り切ってさまざまな野菜や肉を切ってくれる。娘は父親譲りで料理好きに育った。幼いときから年末の母親の不器用な奮闘振りを見てきたので、高校生のころから要領よく手伝ってくれる。手が器用なのでつくねとえび団子の団子作りを任せると、きれいに同じ大きさと形に丸めてくれる。感謝をこめて（？）「団子ねーちゃん」と呼ぶ。

相棒と娘はシェフの私に取り入って、もう少しましな仕事を任せてもらえるようにとふざけながら競う。「地獄のキッチン」というテレビ番組で、シェフ希望の人たちを鍛えるのにシェフが彼等を怒鳴りつける。私のキッチンはあの番組のキッチンよりすさまじいと2人はのたまう。

お屠蘇とお雑煮で新年を祝って、一息ついたところで、午後2時からやってくる友人たちとの新年パーティの準備に取り掛かる。28日から料理したものを相棒と娘がきれいにお皿に盛って、ワイングラス、シャンパングラス、杯、ナプキン、割り箸、小皿を並べる。ワイン、シャンパン、日本酒、ビール、それぞれが飲み物を持参して、二日酔いで我が家にやってくる。

20年ほど前のお正月だった。持参したカリフォルニアワインを飲みながら、みんな美味しそうに料理を食べているのを見て、相棒が「カリフォルニアワインと日本料理はマッチするんだ」とつぶやいた。このことがカリフォルニアワインを日本に紹介するというビジネスにつながった。

5、6年前までは昆布巻きや、煮しめなどを、敬遠する友人がいた。でも最近のアジア料理ブームで味覚がとってもオープンになって、煮しめのシイタケ、コンニャク、タケノコ、昆布巻きをたじろぐことなく嬉々として食べる。時代が変わったなあと思う。「一年間、まめまめしく働くために、黒豆を食べるのよ」と説明すると、190センチの大柄な男性が、神妙に箸で1つぶずつ黒豆を口に運ぶ。これを眺めるのも、楽しみの一つ。

初めておせち料理を見よう見真似で作ったときから、ランスとサンディは毎年欠かさず元旦にやってくる。「おせち料理は毒抜きの作用を果たしてくれるから最高さ。ノンファット（無脂肪）、クリーンな味、繊維の多い食材。元旦の過ごし方としては理想的だね。日本酒を飲むことはちょっと矛盾するけど。朝方の4時まで飲んでいた身にはパーフェクト！」とランス。

キッチン、ダイニングルーム、リビングルーム、それぞれの箇所で数人ずつ固まって、器用に箸を使って美味しそうに料理を食べながら会話が弾んでいる。相棒はこのパーティの賑わいが大好きだ。久しぶりに会う友人知人たちとの宴もたけなわの夜の7時、パーティはお開き。三々五々楽しかったよと言って帰って行く。中には8時まで残って飲み続ける友達もいるけれど。機嫌よくほろ酔いで帰って行く人たちを相棒は幸せそうに見送る。

賑やかだった我が家が静かになる。居間のカウチに座って一息。今年もみんなにとって良い年でありますように。毎年必死で料理を作っているときは、何歳まで続けるのかしら、料理作りに追われて迎える元旦はやめたいものだ、静かに一年を振り返る厳かなお正月をいつになったら迎えられるのかしらと思う。その思いもみんなが楽しく食べて飲んで語らっているのを眺めると吹っ飛んで、また来年もこのパーティを続けようなんて張り切ってしまう。

母が元旦をあわただしく過ごすと一年中あわただしく過ごすことになると言っていたけれど、毎年あわただしく過ごしているのはこの元旦のせいかもしれない。

早春のソノマ

朝から乳白色の霧が深く立ち込めている。冬の嵐で裸樹になった向き出しの焦げ茶色の幹が佇む様は彫刻。空に向かって手を差し伸べる無数の細い裸枝はモダンダンスの群舞。雨と霧で湿った地面の水分を吸収した瑞々しい緑色の下草と焦げ茶色のブドウ樹。春を待つカリフォルニア独特の冬の景色だ。ブドウ畑に立って湿った空気を胸いっぱいに吸う。懐かしい人が深い霧の向こうから大またで歩いてくるような、そんな気がする。

車へ戻る道筋、10匹ほどの鶉《うずら》の家族が私の前を大急ぎで走る。ニアミス！と思ったら、全員がぱっと飛んだ。鶉って飛べるんだ。そうよね、だって鳥なんだもの。次々と垣根の向こう側にある木の枝に止まる鶉を眺めながら、これって常識なんだろうねと、常識不足を反省。

ワインカントリーは雨季の真っ最中。カリフォルニアは乾季と雨季がはっきりしている。夏は雨が降らないから、絵葉書の写真のように、毎日、カリフォルニアの青い空を眺めて暮らす。1年分の水は11月から5月にかけて降る雨に頼る。だから冬の雨はとても大切だ。ソノマの平均降雨量は地区によって違うけれど、少ない地区だと508㎜ほど、場所によっては1016㎜、多いところで2032㎜ほどだ。今年はエルニーニョのせいで、嵐が次から次へとやってくる。昨年までの旱魃を補う雨はありがたい。それでも1週間も雨が降り続くと、太陽が恋しくなってつい愚痴をこぼす。

「そろそろ太陽が見たいわね。気が滅入るわ」と私。

「頭がボーッとして、何にもしたくない気持ちなのよ。お天気のせいでね」と隣家のジャスリンが言う。

「でも水が必要なのだから我慢しなければね」と私が言って、ジャスリンがうなずく。

2月になった。黄色のマスタードグラスと鮮やかなオレンジ色の野生の金盞花《きんせんか》（私が勝手に名づけた。この辺りではバターカップと呼ぶらしい）がブドウ畑を埋めている。太陽が降り注ぐと金色の波のように光り輝く。でも今年は雨が多くて、どんよりした曇り空の下で沈静。しっとりした風情という人もいるかもしれない。でもソノマのブドウ畑には、真っ黄色のマスタードグラスが日の光を浴びてあでやかに輝くほうが似合っている。

車を走らせていたらブドウ畑のそばにたくさんの車が駐車しているのが目に入った。雨天の合間をぬって剪定作業が行われているのだ。昨年の秋の収穫を終えて、大役を果たしたブドウ樹たちは休眠中だ。11月に嵐が来て、気温が下がって、葉が落ちて、ブドウ樹は裸樹。まるで散髪嫌いの男の子の頭みたいに伸び放題の小枝をぷちん、ぷちんと切っていく。剪定用の鋏や小道具を入れるポケットが付いたベルトを腰に巻いたメキシコ人の剪定士たちが、枝を1本ずつ辛抱強く丁寧に切り取る。気の遠くなるような根気のいる作業だ。

剪定が終わった畑は散髪を終えた頭のようにすっきり、くっきり。10㎝ほどに切られた枝に小豆ほどの茶色の芽が数個ずつ付いている。剪定作業に励む剪定士たちと散髪を終えたブドウ樹たちは2月の風物詩。3月中ほどになったら、この芽から白い綿毛に包まれた薄緑の芽がおずおずと顔を出す。昨年の秋に摘み取ったブドウは、今、ワインの赤ん坊となってワイナリーの熟成庫で眠っている。春がすぐそこまで来ている。

ソノマの歴史

ソノマとアメリカン・インディアン

ヨーロッパや日本の歴史の長さとは比べ物にならないけれど、ソノマは歴史的由緒のある町である。アメリカン・インディアンの文化が栄えた土地、メキシコ人が統治していた土地、最北のミッション（伝道所）が建てられた土地、カリフォルニア共和国が建国された土地、北カリフォルニアのワイン産業発祥地という歴史を持つ。

ソノマにメキシコ人、白人が移住してくる前は、アメリカン・インディアンが住んでいた。ミウォク族とポモ族がソノマに、ナパ・ヴァレーとソノマ・カウンティの東部にワッポ族が居住。男は狩りに女はベリーや貝などの食料を集めて、平和に暮らしていた。ほとんどが小さな村落だったけれど、1000人を超える村もあったという。海岸沿いに住んでいたミウォク族は貝殻を貨幣として使用していた。カリフォルニアにはアメリカン・インディアンがネーミングしたものが多い。例えばナパ・ヴァレーとソノマ・ヴァレーの境界線となっているマヤカマス山は山猫が遠吠えするという意味だとか。

アメリカン・インディアンへの迫害は白人（ロシアとスペイン）がソノマ・カウンティを発見したときに始まる。ロシア人が1800年代初めにアラスカの毛皮トレードを拡張するために太平洋沿岸北部へ進出してきた。今でもその名残をとどめるフォート・ロスという町がある。

一方、スペイン人は霧が濃くて寒い太平洋沿岸北部ではなくて、サンフランシスコに目を付けた。

１７００年代から１８００年代にかけて、フランシスカン派の伝道師と探検隊がキリスト教を布教するためにカリフォルニアへやってきた。カリフォルニアの南部、サンディエゴ、ロサンゼルス、サンタ・バーバラとミッション（伝道所）を建てて、アメリカン・インディアンをキリスト教に改宗させながら北上し、最後、21番目のミッションをソノマの町の一角に建てたのが、１８２３年のこと。ミッションはフランシスコ・ソラノ・ミッションと名づけられた。

大志を抱くホゼ・アルティミラ神父は北方への宣教が必要と北カリフォルニアの探索を開始。彼が最も強い印象を受けたのが、気候が温暖であり、背の高い木々が茂っているソノマ・ヴァレーだった。このときにマスタードグラスの種を彼が通過した土地に蒔いていったというのが伝説となっている。春が近づくと、真っ黄色の菜の花に似たマスタードグラスの花が咲き乱れるブドウ畑が、この辺りの風物詩となっている。

アルティミラ神父はフランシスコ・ソラノ・ミッションで７００人のアメリカン・インディアンをキリスト教に改宗させたという。しかしアメリカン・インディアンが反旗を翻し、ミッションは火が放たれて半焼。アルティミラ神父は命からがら逃亡。ミッションは建て直され、メキシコ政府は新しい神父に交替させた。そして、弱冠28歳のマリアノ・グアダルペ・ヴァレッホを、ロシア人の進出を防ぐ要塞を築くためにソノマに送り込んだ。やがて１８３４年にメキシコ政府がミッションシステムを廃止し、ミッションが得ていた富を住民に返還、ミッション時代が終わった。

勢力を強めたヴァレッホは４万ヘクタールという土地を所有し、ソノマに現在の市役所を中心としたプラザを作った。プラザの外れに、ヴァレッホが住んでいた邸宅が博物館として保存されている。

ヴァレッホはまた1836年に当時としては目を見張る堂々としたアドービ（日干し）レンガ造りの2階建てのメキシコ風建物をソノマの隣にある町、ペタルマに建てている。ずらりとサボテンが植えられている坂道を車で上っていくとき、週末を過ごすためにやってきたヴァレッホを乗せた幌馬車が、丘の上の邸宅まで馬のひづめの音を響かせながら走っていくイメージが浮かぶ。北カリフォルニア最大のアドービだ。

現在はヴァレッホが所有していた広大な農場の一部を州が買い取り州立公園に、そこに建つアドービはカリフォルニアの文化財に指定されている。

2階のパテオから眺める景色は博物館に飾られている当時の絵画とそっくりそのままだ。きちんとした展望を持つ官庁の役人が存在したおかげなのか、この地帯はしっかりと州によって保存されている。なだらかな起伏が連なる牧場で、牛たちがのんびりと草を食んでいる。その景色を眺めていると思わず深く息を吸い込む。

博物館の各部屋の説明を読むと、たくさんのアメリカン・インディアンを召し使いとして使っていたとあちこちに書いてある。アメリカン・インディアンは対等の関係ではなくて使用人として取り扱われていたことがわかる。

いつも行ってるカフェで40代半ばのお腹がぽこんと出たチャーリーと友達になった。瞳は青く、髪の色はブロンドなのだけれど、アメリカン・インディアン、ミウォク族の血が4分の1入っているという。ペタルマのアドービが話題になったとき、日ごろは温厚な彼が「あそこはアメリカン・インディアンの強姦、殺戮に使われたんだよ」ときっとした表情で言った。強姦、殺戮にだけ使われたとは思わないけれど、そういうことがたくさんあったのは確かだろう。

ロシア人、ヴァレッホのアメリカン・インディアン迫害、メキシコ人が偶然に広めてしまった天然痘によってアメリカン・インディアンは壊滅していった。

ベア・フラッグ・レヴォルト

プラザの中心となっている公園の片隅に男性が旗を翻して立っている銅像がある。ベア・フラッグ・レヴォルト（暴動、反乱）を記念したものだ。

1830年代から1840年代にかけて、土地がただという話に魅惑されてアメリカの開拓者たちがカリフォルニアに流れ込んできた。しかしその当時カリフォルニアはメキシコが統治していたため、アメリカ人の開拓者たちは土地を得ることができず、対立が生じた。メキシコ政府がアメリカ人にカリフォルニアからの追放命令を出すという噂が飛び交い、1846年に緊張感はピークに達した。6月14日、夜明けに30人の武装した騎手がサクラメントとナパからソノマに乗り込んだ。

これがベア・フラッグ・レヴォルトの始まりだ。なんとものどかな反乱で、騎手が乗り込んだときにソノマを護衛している兵はなく、銃を一つも撃つことなく、暴徒はソノマを占領した。ソノマの統治者だったヴァレッホは、ベッドから起き上がったところで捕まり椅子に縛られた。真実のほどは不明だけれど、ヴァレッホは反逆者のリーダーにブランディをサービスして反逆者を酔っ払わせたという話もある。正午にウイリアム・アイデという人物が新共和国の指導者に選ばれ、間に合わせの旗をプラザに掲げた。鞍作りの職人ベン・デウエルが灰色の大熊を描いた新しい旗を作成。旗の絵は熊というよりよく肥えた豚みたいだったという。

ベア・フラッグ・リパブリックの統治は短期間だった。たったの25日間だったが、ソノマは独立国「リパブリック・カリフォルニア（カリフォルニア共和国）」の首都となったのだ。7月にアメリカの海軍がメキシコ領地だったモントレーを占領し、カリフォルニアはアメリカの領地と宣言。ベア・フラッグ・リパブリックはアメリカに含まれてしまった。そして4年後、１８５０年にカリフォルニアはアメリカの州となる。熊を描いた旗は１９１１年にカリフォルニアの州旗となった。

ナパとソノマカウンティが形成されたのは１８４０〜５０年代のこと。１８４８年のゴールドラッシュによりソノマに住んでいた人々は金発見を夢見てソノマを去り、パワフルだったソノマはゴーストタウンになってしまった。多くのアメリカ人がサンフランシスコに流れ込み、サンフランシスコが重要都市となっていったのだ。そして金鉱坑夫通商港として川沿いにナパとペタルマが生まれた。

カリフォルニアワインの父

正確には「カリフォルニアブドウ栽培の父」または「カリフォルニアの近代ワイン醸造の父」と呼ばれるハンガリー人のオーガストン・ハラスティは1812年にハンガリーで生まれ、1840年にアメリカへやってきた。ハラスティは移り住んだ土地に積極的に馴染み、精力的にビジネスを繰り広げている。まずウイスコンシン州に落ち着いた。鉱山を発掘したり、広大な土地を購入して穀類の栽培、羊、豚、馬の飼育をしている。さらにレンガ工場も立ち上げた。現在も彼が焼いたレンガで建てられた建物が残っているという。またブドウを植えて、ワインセラーを掘った。セラーと畑は現在、ウイスコンシンでよく知られるワイナリーの一つ、Wollersheim ワイナリーとなっている。

1849年、ウイスコンシンでの事業をパートナーに託して、一家を挙げてカリフォルニアのサンディエゴに移住。広大な土地を購入して、農園に果樹を植えている。ここでも多才ぶりを発揮してシェリフに選出されたり、さらに1851年には州議員にも選ばれている。議会で活動しながら、1852年3月にサンフランシスコに土地を購入。ここでブドウの栽培を試みたが、霧が多くて断念した。

ソノマに越して1856年にソノマの町の外れにブドウ畑を購入し、ブエナ・ビスタと名付けた。翌年1857年にカーヴを掘り、石造りのワイナリーを建てている。その当時の面影を漂わせヨーロッパを彷彿とさせるワイナリーは現在テイスティングルームとして使われており、多くのツーリストがここを訪れる。このワイナリーの所有者は数回にわたって替わり、今は大手のワイン社が所有し、カーネロス地区という栽培地区に大きな醸造設備を持ち、そこでワインの生産をしている。

6種類のブドウ品種100本の穂木を取り寄せたり、ヨーロッパを旅してブドウ畑やワイナリーを巡り、ブドウ栽培と醸造に関する本を出版したりと北カリフォルニアにワイン産業を促進させた功績は大きい。

ブエナ・ビスタ・ワイナリーの近くにバーソロミ・パーク・ワイナリーがあり、オーガストン・ハラスティの生涯をたどる博物館にもなっている。

ハラスティはソノマの創立者であるマリアノ・グアダルペ・ヴァレッホと親しくなり、1863年6月1日にハラスティ家の2人の息子とヴァレッホ家の2人の娘が結婚している。ダブルウエディングだ。

1863年に当時のカリフォルニアで最大のブエナ・ビスタ・ヴィティカルチャル・ソサエティという法人会社を設立している。投資家の協力を得てブドウ畑を拡張し、生産されたワインは遠くはニューヨークでも販売されていたという。ハラスティは非常に先見的でありかつ無謀でもあった。その例としてブドウの繁殖に一般的なカッティングや接木という方法ではなくてすでに成長しているブドウ樹の枝を隣に曲げて土に埋めて、枝から根を生やさせて、根が定着したら切り離すというやり方で、ブドウの繁殖を早めた。その結果ブドウ樹は病気に弱くなってしまった。1860年代の中頃、ブドウ樹の葉が茶色になり衰弱していった。その原因は彼が行った繁殖法のせいだと非難が集中。実際はフィロキセラ（ブドウ樹の根に住み着くダニで世界中がこの病害の大きな被害を受けた）のせいだったのだけれど、その当時は誰もそれを知らなかった。

この病害のためワインの生産は落ち、投資家への支払いが滞って、1867年に彼はこのソサエティから追い出された。

傷心のハラスティは新たな夢を追ってニカラグアへ渡った。ニカラグアで大規模なサトウキビ園を開発し、ラムを生産してアメリカに販売する計画だった。

1869年7月、ハラスティは敷地にある川に消えた。川に誤って落ちて海まで流されてしまったのか、ワニに引きずり込まれてしまったのか、未だに謎である。

2007年の3月にハラスティはCulinary Institute of Americaが主催するヴィントナーズ・ホール・オブ・フェイムに選ばれている。70人のワインジャーナリストが投票し、初期のカリフォルニアワイン産業に貢献したことを讃えたもの。

この表彰状はハラスティのひ孫であるヴァレッホ・ハラスティが受け取った。ハラスティのファミリーは今もソノマに住んでいて、ヴァレッホ（私たちはヴァルと呼んでいる）はワインを造っているけれど、あまり成功しているようではない。

意欲的で波乱万丈の生涯をおくったオーガストン・ハラスティは、ソノマ・ヴァレーのワイン史にカラフルな彩りを添えている。

―グルメなワインカントリーとカフェ―

ワインカントリー

ソノマに住んで20年が過ぎた。広大なブドウ畑を前景に小高い山の向こうから昇ってくる朝日を眺めながら娘を学校へ連れて行った日々。オレンジ色に輝く夕日のように一生を燃え尽きることができたらと焼け付くような思いで眺めた夕日。なんて美しい土地に住んでいるのだろうと思わずにはいられない。南カリフォルニアには四季がないけれど、北カリフォルニアはブドウ畑が四季を教えてくれる。

私が住むソノマの町はとても小さい。公園の真ん中に石造りの市役所があって、その四方を取り囲んでショップやレストラン、カフェが並ぶ。この辺りを土地の人はプラザと呼ぶ。プラザの多くの建物は文化財に指定されているから、古い町並みが変わることはない。ソノマは世界中からツーリストがやってくるワインカントリーのメッカだ。

アメリカというと銃と暴力、カリフォルニアはそれに加えて、何でも自由、文化も伝統もなく、食べ物はハンバーガーにステーキ、大雑把な味付けの料理がボリューム一杯で出てくる土地。これが日本の人たちの多くが持っている印象だと聞いた。そういうイメージとかけ離れているのが、ワインカントリーだろう。

プラザにあるカフェで憩っていると世界のいろんな言葉が耳に入る。日本の会社から派遣されて、サンホゼに駐在していた友人がソノマにやってきた。プラザのカフェでランチを食べながら、町を散策する人々を眺めた。

「ここはアメリカじゃなくて、英語を話すヨーロッパですね」と友人が言った。

美味しいワインがある土地は美味しい食べ物があるといわれる。カリフォルニアの特にナパ、ソノマはその言葉通りで、美味しいワインがたくさん造られていて、美味しい料理を出すレストランが多くある。数カ月前の予約でさえも難しいといわれるフレンチ・ランドリーはナパ・ヴァレーの真ん中辺りに位置するヨントヴィルという小さな町にある。

ソノマからサンフランシスコまで車で1時間ほどだから、世界でも有名なグルメの町に気軽に食べに出かけることができるのも嬉しい。夏の日は霧のかかった赤いつり橋・ゴールデンゲート・ブリッジを渡って、冬はヨットが浮かぶ霧の晴れた湾を眺めながら、サンフランシスコに入る。

サンフランシスコはエスニック料理からカリフォルニア料理まで、レストランの数が多すぎて選ぶのに苦労するほど。料理のレベルの高さはヨーロッパに引けをとらない。

美味しいものといえば、ソノマのコーヒーは美味しい。相棒の仕事の関係でヨーロッパへ出かけることが多い。どこの国でも、必ず美味しいコーヒーを探して歩く。私が美味しいと思ったのはイタリアのコーヒー。ストックホルムを訪ねたときに、コーヒー大好き人間で何度もソノマを訪れている友人のガーナーが「ソノマのコーヒーは美味しいよ、ストックホルムと同じくらいにね」と言って、ロースターの名人としてよく知られている彼の親友がローストしたコーヒー豆で、美味しいカプチーノを作ってくれた。

ワインとコーヒーとどっちかを選べといわれたら、ものすごく困って、でも私はコーヒーを選んでしまうだろう。デイヴィス校の1日コースでコーヒー豆からエスプレッソというクラスまで取ったという懲り方なのだから。

いつか自分のコーヒーショップを持ってみたいなという夢と、気安く土地の人たちが集まることができる小さなしゃれたワインバーを持ちたいなという夢を、同じくらいの強さで持っている。理想は日中は美味しいエスプレッソを出すカフェ、夜はワインバーだといいけれど、いつになることか。その夢を語ると相棒は目をそらす。私のビジネスセンスがゼロということを承知しているからだ。夢は夢として心に温めて、原稿書きにせっせとコーヒーショップに通っている。

カフェ・エスペース

＊トーマス

今、通っているのはソノマのプラザからちょっと外れたところにあるエスペースというカフェだ。フランス語だとエスパースなのだそうだ。子育て真っ最中で、ちょっと疲れ気味の女友達はエスケープかと思ったそうだけれども。

インターネット・カフェなので、メールが無料でチェックできるのも便利。オーナーは先日30歳の誕生日を迎えたザヴィエというフランス人だ。プロバンス出身で、奥様はフィリピン人のジョアン。かわいいハーフの1歳になる男の子がいる。

ザヴィエがときどきこの子を抱えて私のところへ連れてきてくれる。声をかけると人見知りをしないでにっこり笑ってくれるのが嬉しい。赤ちゃんの名前はトーマス。両親がいるところで見ると、本当に両方の血を引いていて、どちらにも似ている。

そう言うとお母さんのレベッカは「そうかしら？　アジア人に見えると思うのだけれど」と言う。「目元はザヴィエに似てるわよ」と言うと、父親が「そうかい？」と嬉しそうに微笑む。

娘の赤ん坊時代を思い出す。もうすっかり大人になった私の娘は幼いときに「私は太平洋の真ん中で生まれたのよ。アメリカと日本の」とよく言っていた。今でもよく「失礼ですが、あなたのナショナリティは？」と知らない人に声をかけられるという。

ヨーロッパ人同士の子供も、言ってみればハーフ（英語ではミックスと言う。こちらのほうが正確だと思う）なのだけれど、「あなたのナショナリティは？」と聞かれたり、じっと見つめられたりはしない。アジア人と白人のミックスが、多くはなっているけれど、それでもまだまだ少ないということなのだろう。

親しみをこめた目で振り返ってまで見られることもあったけれど、時には本当に娘がかわいそうと思うほど、品のない興味津々でまるで小動物を観察するように見られることもあった。そんなときは母親として守ってあげられない悔しさを感じる。あんまりじろじろ見たら「何を見てんのよ！」って怒鳴ってやるからと娘に宣言したのだが、実際にはにらみつけることしかできない。

それでも娘はその誠意を感じてくれて、「ママありがとう！」と言ってくれるので、なんだかほろっとしたものだ。

ずうっと昔、私と相棒がソノマに越してきた当時、カリフォルニア・カフェというビストロがソノマのブロードウエイにあった。無職の相棒はここでキッチン・アシスタントとして雇われた。

そのときにウエイトレスをしていたのがスーザンだった。きれいな白人の女性でアメリカ系メキシコ人の相棒がいた。私とスーザンは同じころに妊娠。彼女の娘のリンジーと私の娘は姉妹のように仲良く育った。スーザンが2人を連れて公園に行くと、ほとんどの人が私の娘が彼女のお嬢さんだと信じた。それほど私の娘は白人の血が強いということなのだろう。

東京に仕事に連れていったときにも、娘の母親だといっても信じてくれない人もいた。それは今も同じで、お友達ですか？なんて聞かれて、嬉しいような、どう考えたらいいのかと複雑な気持ちになる。娘はもう大人だからそういわれると面白がっているけれど、ずいぶんと年の違うお友達と一緒の子だななんて思う人もいるだろうなんて、心配する自分に苦笑してしまう。

トーマスが大人になるころは、ハーフ（ミックス）がたくさん生まれて、どうってことがない時代になっているのだろうか。

＊ブレットと仲間たち

いつからなのかもう覚えていないのだけれど、原稿はコーヒーショップでなければ書くことができなくなっている。我が家の裏庭から見えるソノマ山を眺めたり、草を食むこんもりと毛が膨らんでいる羊の群れを眺めたりしながら書けばいいものを、なぜかしら書けないのだ。

このカフェに、しょっちゅう行くようになった理由は簡単だ。静かだったことと、カプチーノが美味しかったことだ。

初めて立ち寄ったのは、ワインのテイスティングの後だった。前髪が神経質そうなブルーの目を隠すほどに長く、痩せてすごく背の高い青年がカプチーノを作ってくれた。もしこのときのカプチーノがまずかったら、私はここへは戻らなかっただろう。意外と美味しかったのだ。

コーヒーショップでは椅子が空いていれば必ず窓際に座る。通る人を眺めたり、真っ青に透き通った空や、今にも雨が降り出しそうな灰色の空を眺めながら原稿を書く。ソノマは小さな町なので、通り過ぎる人はとても少ない。

いつものように窓際に座ってぼんやり外を眺めていたら、この青年が仕事を終えて帰るところだった。背が高い彼は腰をかがめ、私に向かってにっこり笑って手を振った。彼の名前はブレット。シャイだけれどフレンドリーな20歳になったばかりの好青年だ。

原稿を書く日が続くと、一日中誰とも口を利かないで過ぎてしまう日もある。そういうときに若々しい笑顔で手を振ってくれたというシンプルなことが、とても嬉しかった。

ある日、髪が短く背の高い青年がカウンターに立っていた。新しい子が入ったのだな、美味しいカプチーノを入れてくれたらいいのだけどと思いながら、近づくと、「いつものですね」と言う。「えっ、知ってる人?」と思わず聞いたら、「違う人だと思ったの。ボクだよ、ブレット」と言うので笑ってしまった。食べ物を出す商売なので、長髪はよくないと思って切ったのだそうだ。

ブレットはミュージシャン、自分のバンドを持ってがんばっている。ブレットのそばへ行くとすごく背が低く見えるバンドのドラマーも、ここで働き始めた。始めはあまり美味しくないカプチーノを作るので、言おうか言うまいかと迷っているうちに、まあまあのものを作ってくれるようになった。

彼はコンピューターに強いらしく、新しいノートブックを買ったんだけど、ワイヤレスで使うのにはどうしたらいいのかしら?と聞いたら、僕がしてあげるとさっと来て操作をしてくれた。このコンピューターだといろいろ楽しめるねと言った。

ある日、インタビューに行くのにデジタルのレコーダーを買って、その使い方でちょっと苦労していた。どうもうまく操作ができないのだ。

ドラマー君がカプチーノを持ってきてくれたので、彼にレコーダーを向けて、「君のことについて、何か話してください」と言ったらきょとんとしている。「君の名前は?」と訊ねると、神妙な顔で「カーナー」と言ったので、声を出して笑ってしまった。

「このレコーダーの操作がわからなくて」と言ったら、彼がさっと「君の名前は?」と言うところが聞けるようにしてくれた。それにしても素朴な彼だ。素直に名前を言ってくれるんだから。それでドラマー君の名前はカーナーだとわかった。彼たちのバンドがいつか成功するといいなと、陰ながら応援している。

ある日、いつものように1人でコンピューターに向かっていた。バンドの1人、ひげを生やした黒い大きな瞳の子がぴったりとした光沢のあるブルーのタンクトップを着ている。ここはカリフォルニア、何があっても驚かないというのが意識の中にあるので、さりげない顔で彼を見た。「アイ・ノー、おかしいと思ってるのはわかるよ。でも今日は友人の21歳のバースディで、パーティに出席する人は奇天烈な格好で来るように言われてるんで、これを着てるのさ。でも困ったよ、きつくてどうやって脱いだらいいのかわからない」と言う。ガールフレンドのでも借りたのだろう。筋肉で盛り上がった胸の線がはっきり見える。「なかなか似合ってるわよ」とは言ったものの、笑いを抑えるのに苦労した。さよならを言おうとカフェを出るときにブレットとザヴィエを見たら、こちらも奇妙奇天烈なサングラスをかけている。

「若い人って、屈託がなくていいいな」。愉快な気持ちで家路に着く。

＊カプチーノ

ここで知り合いになったポニーテールの小柄な青年、ケニーはプラザの別のコーヒーショップ「サンフラワー」で働いている。そこはロケーションが抜群なことと、新鮮なサラダ、オムレツ、サンドイッチ等の食べ物を出すことからいつも混んでいる。裏に素敵な庭があって、天気の良い日はここでランチを食べると気持ちがいい。商売繁盛のサンフラワーは人がざわざわと出たり入ったりするので落ち着いて仕事ができない。それに一度カプチーノを飲みに入ったら、若い女性が作ってくれたカプチーノは、苦くて飲めたものではなかった。カプチーノは苦いものではあるけれど、苦味の中に甘さがあるのだ。ぱっと見て泡が粗っぽかったり沈みかけていたら、まずいかもしれないと観念する。このときもその予想は当たっていた。混んでいるのとまずいカプチーノ。この2つがそろったのでもう行く気はなくなってしまった。

ところがエスペースへふらりとやってきたケニーが「ソノマで一番美味しいカプチーノを作ってご馳走するから、ぜひ来てよ」と言う。行ってみた。約束どおり、ぴか一のカプチーノだった。ケニーから話を聞いて、同僚のマルコが張り切って作ったらしい。ここはバリスタと呼ぶエスプレッソ作りの達人が来てしっかり訓練してくれるのだという。じゃあ、なぜあの若い女性は口がゆがむほどに苦いカプチーノを作ったのかしら?という疑問が残るけれども。エスプレッソの作り方を学んだ女友達が言っていた。女性差別みたいになってしまうけれど、女性が作るエスプレッソはまずいのが多いというのだ。それは気持ちにアップダウンがあるから、いつも安定した質のエスプレッソを作ることができないのだという。スチーム、圧力をかけるタイミング、フォーム（泡）のきめの細かさなどが影響して味が大きく変わる。

相棒はまずいカプチーノを飲むとがっかりして苦情を言う私が理解できない。たかがカプチーノ、何でそんなにいちいちがっかりしたり嬉しかったりするわけ？というのだ。でもそうではない。美味しいカプチーノを飲むと一日、満ち足りた気持で過ごせる。実際、大げさに言うと官能的なエスプレッソを味わったことがある。心をこめて作ると確実に味に出る。滑らかでクリーミーなフォーム、苦くもなく水っぽくもなく、それでいて味が十分にあるエスプレッソ。質のいいコーヒー豆ほど、作り手に敏感に反応するし気難しいのだと友人が言っていた。美味しいカプチーノは作り手の誠意が出ると知ってからはいいカプチーノを作ってくれますようにとチップも弾む。

ケニーはドイツへ行ってしまった。その後はサンフラワーに寄ると、マルコが本当に美味しいカプチーノを作ってくれる。ある日、エスペースにいたら、マルコがやってきた。ブレットがいる前で「僕のとどっちが美味しい？」と聞くので「どっちも美味しいよ」と答えると「カモン、はっきり言ってよ」と冗談か本気かわからないとぼけた表情で言う。ブレットがやってきて、腕相撲で決めようかと茶化す。言わなかったけれどマルコのが美味しい。マルコの作るカプチーノでも、彼が疲れているときは、味が違う。相棒にそういうと、勘弁してよとうんざりした表情で目が天を泳ぐ。ワインも料理もカプチーノも作り手の気持ちが出ると私は思う。

＊ポケモンの通訳

ある日、携帯電話に「ワイナリーのツアーに通訳を必要としているのですが、来週は空いていますか?」という連絡が入った。昔はよく通訳をしていたものだけれど今はあまりしていない。でも、スケジュールが空いていたので、いいですよと言ったら、喜んでくれた。スケジュールのやり取りをしているうちに、私が通訳を務めるのはポケモンの社長夫妻だということがわかった。私はポケモンが出る前に日本を離れているので、ポケモンが何なのか、「ポケット・モンスターの略かな。たぶん、コンピューターゲームなのだろう」くらいしかわからなかった。娘に聞いても、コンピューターゲームで遊ばなかったから知らないとそっけない。それでもしかしたらとブレットに聞いてみた。「知ってるよ。カードゲームさ。それにビデオゲームもあるよ。僕が12歳のころよく遊んだよ。えっ、ポケモンの社長の通訳? よろしく言ってよ。サインをもらってきて」と言う。サインはともかく、よろしくとだけは言っておくと約束した。「もしポケモンを見たら写真も撮ってきて」と彼らしいジョーク。

3日間の通訳を終えてカフェへ行くと、カーナーにエミコはポケモンの社長に会ったんだぜと話している。「ポケモンてどんなものか見たことがないのよ」と言ったら、ブレットが「カモン、見せてあげるよ」と言うので、インターネット・カフェだからずらりと並んでいるコンピューターの1つに向かう。これが何とかでこれが何とかさ。こいつが動くとこいつが眠くなるんだとカーナーと言い合っている。フーンなるほどね。3人でコンピューターに向かっていたら、庭でコーヒーを飲んでいたバンドの仲間も何見てるんだよとやってきて、それは賑やか。背が高くてひげを生やしたりして一見大人っぽく見えるけれど、みんなあどけないかわいい顔をしている。ポケモンの社長夫妻の通訳をしたというだけで、私はこの若いバンドのヒーローになったのだった。

＊さよなら、カフェ・エスペース

そのエスペースも10月31日、ハローウイーンの日に店を閉めてしまった。家族3人が十分暮らしていけるだけの収益がなかったのだという。ザヴィエはサンフランシスコのホテルで副支配人として働くことになったので、家族3人で引っ越すという。ザヴィエは「こういうビジネスによく起きる自然のことなんだと思うよ」と私と自分を納得させるように言った。一期一会を身にしみて感じるのはこういうときだ。アジア人同士というのでなんとなく親しみを感じていたジョアンにも、人見知りをしないでにこっとしてくれたトーマスにも、もう会うことはないのだろう。家族3人幸せに暮らしてほしいと祈る。

年上の女性のお客さんに対して朗らかに自然で優しい態度で接するブレットが作るカプチーノを飲むことはなくなってしまうのだ。

最後の日にカウンターに注文に行ったら、他のお客さんに聞こえないように小声で「席にもどって！」と言う。最後のカプチーノをただでご馳走してくれたのでほろっとしてしまった。1年間、ほぼ毎日通ったコーヒーショップ。ザヴィエに「ホームレスじゃなくて、オフィスレスになってしまったわ」と言ったら、細長のブルーの目を曇らせて、寂しそうに微笑んだ。

ブレットは「ノー、スターバックス！」と叫んだ。「わかったわ、コーポレーションのコーヒーショップには行かないよ」と約束した。それにしてもスターバックスは混んでいる。何でそんなに人気があるのだろう。甘い飲み物が好きなアメリカ人向けのメニューの飲み物があることと、音響がいいこと、室内の雰囲気が人々を引きつけるということなのだろう。地元で美味しいコーヒーを作ってくれるコーヒーショップがあるといいのだけれど。

せっかくちょっとした日常会話が楽しめる人たちに会えたのに、もうお別れだ。

四季の行事

バレンタイン

＊ハピー・バレンタイン

えっ、またダイヤモンドのコマーシャル？　クリスマスはとっくに終わったのに。

ああ、そうか、もうすぐバレンタインデーなのね。独り言。イケメンの男性がきれいな（もちろん）女性に愛を確かめるため、ダイヤモンドを美しい木の下で渡すコマーシャル。

日本のバレンタインデーは女性が男性にチョコレートを贈る日だったけれど、今もそうなのかしら？

風の便りで耳にする言葉に義理チョコというのがある。チョコレート業界の商業作戦にすっかりはめられているのを承知で、ぼやきながらもこの習慣を実行している女性の様子が目に浮かんでなんだか微笑ましい。嬉しいようなありがた迷惑なような、それでも密かにチョコレートをもらうのを期待している課長なんかの心情を勝手に想像して楽しんでいる。

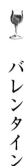

私が見るこの国のバレンタインデーはカップルがプレゼントを交換し合って、楽しいひとときを過ごす日のようだ。

男性にチョコレートを贈る日だと思っていたその昔、まだ小さかった娘と2人で、相棒にチョコレートを買ってプレゼントしていた。相手はたいして感激する風でもなく、スーパーで買った安物のチョコレートで間に合わせたときなど「僕がチョコレートにはうるさいのは知っているよね。混ぜ物がたくさん入ったチョコレートはちょっとね」とクレームをつける可愛い気のなさ。

12歳になったころ、娘は学校で友達から情報を仕入れたらしく、相棒と私を前に「バレンタインデーはママとダッドの2人の日だから、娘の私には関係ないのよ。お2人でどうぞ」ときた。

それもそうだわなと納得。チョコレートは買わずに、スズキと蟹をメインに冷えた白ワインを添えて、ちょっとだけ豪華版のディナーを用意して相手の出方を待つ。テーブルに着くと相棒がもじもじしながらチューリップの花束とチョコレートを差し出した。意外だった。言葉が喉に引っかかって出てこない。

すると相棒が「ハピー・ハローウイーン！」と言った。初めてのことで内心ばかばかしいと思っていたのだろう。「ハピー・バレンタイン！」と言うつもりだったのに、思わずハピー・ハローウイーンになってしまったのだ。彼にとってはハローウイーンと同じことなのだという気持ちが理解できて笑ってしまった。

花屋さんに行ったら花束を買い求める男性たちが列を作っていた。相棒もその列に並びながら「ばかばかしい男の一人になってしまった」と感じたそうな。その表情が頭に浮かんでまたくすくす。

でもさすがはチョコレート好きの相棒、プレゼントのチョコレートはとっても美味しかった。エスプレッソでチョコを味わった。

＊バレンタインのディナー

今年のバレンタインデーはサンディエゴで法律を学んでいる娘が帰ってきたので、3人で祝った。雨降りの日が続いていたのに、この日は好天気。久しぶりの青空に心が和む。黄色のミモザが太陽の光を跳ね返してまぶしい。私のオフィスの窓からピンクの寒椿が可憐な姿を見せている。淡い灰色にピンクが溶け込んだようなモクレン、ボケ、桜の花が咲き始めた。

いつもは早起きの相棒と朝寝坊の私では朝のスケジュールが違うので、朝食は別々に食べる。私に似て朝に弱い娘は私と一緒に食べる。もしかしたらと思って「朝食は？」と相棒に声をかけたら、「まだ」と答える。そう、娘と一緒に朝ごはんを食べたいのだ。

3人で一緒に朝食をとる。私は紅茶と全粒パンのトーストを、娘がトマト、タマネギ、ズッキーニを刻んでスクランブルエッグを作る。

「朝ごはんよ！」自宅のオフィスで早朝から仕事をしている相棒に声をかける。嬉しそうにダイニングルームへやってくる。

「今夜のディナーは僕が料理する。買い物も自分でするから」。紅茶を飲みながら、相棒が言った。これは娘に美味しい物を料理して食べさせたいという父親心が95%、妻である私への心遣いは5%というところ。

「メニューはなにがいいの？」と聞かれて、娘はこのチャンスとばかりに「ビーフ！　それととっておきのカベルネ、プリーズ！」。つましい予算で1人で暮らしている彼女にとって、美味しい牛肉と高価なワインには手が出ない。「オーケー、それは簡単でいいね。チョコレートも買ってくるから」と上機嫌の相棒。

私と娘はナパにあるアウトレットへ買い物に出かけた。娘が法廷の実習の日に着る黒いパンツスーツを買うためだ。試着中の娘を待って、試着室の前にある椅子に腰掛けようとしたら、先着がいた。30代後半くらいの男性で目が合ったらにっこり。奥さんが試着しているのを辛抱強く待っている。サンフランシスコからやってきたという男性と会話。

「バレンタインに奥様のお買い物に付き合って偉いわね。私の相棒なら『バーで待ってるから、終わったら迎えに来てよ』って言うわ」

「慣れているから。それにワインテイスティングにも行ったから、オーケーさ。これから2人でディナーに行くんだ」とにっこり。ようやく奥様が試着室から出てきた。

「ハブ・ア・ナイスタイム」

「サンキュー！　ユーツー！」

辛抱強く試着終了を待った2人は戦友同士って感じで手を振ってさよなら。

7時のディナーに合わせて、家に帰ると、相棒はキッチンでせっせと料理中。ビーツと黄色のビーパプリカ、ゴートチーズのサラダ。とっても色合いがきれい。ビーツとパプリカをオーブンでローストして、皮をむいて、小さなパプリカを半分に切って、中にゴートチーズを詰めてと、結構時間がかかったらしい。このサラダに合わせてアリエッタ（Arietta）の２００７年 On the White Keysという白ワインを選んだ。

ビーフにはなんていったってカベルネ・ソーヴィニヨンがぴったり。相棒がフォーマン（Forman）の２００５年のカベルネ・ソーヴィニヨンをセラーから持ってきた。フォーマンのワインは質が安定していて信頼できる。ミディアムレアに焼いたビーフを噛み締めて味わい、飲み込んだ後に、フォーマンのカベルネで口の中の肉の味を胃へ送り込む。３人で顔を見合わせて、満足げにうなずく。

デザートはフルーツタルト。エスプレッソで締める。エスプレッソはコーヒーホリックと呼ばれている私が作る。アルコール依存症のことを英語でアルコホリックというのをもじって、相棒は私をコーヒーホリックと呼ぶ。

バレンタインデーにチョコレートは欠かせない。サウスリート・キャニヨン（Saucelito Canyon）の２００６年のジンファンデルのレートハーベストを合わせた。このワイナリーはモントレーの近くのアロヨ・グランデ・ヴァレー（Arroyo Grande Valley）という地区にある。

カナダの冬季オリンピックが放映されていたので、アポロ・オノのレースを見ながら楽しんだ。競輪みたいなスピードトラックで、氷面に手を触れて腰を低くしてスケーターが固まりになって滑っていく。

アポロ・オノのきれいな瞳と整った横顔がクローズアップで画面に映し出される。日本人の父親の心配そうな表情も必ず映されている。幼い時に母親はアポロを置いてどこかへ行ってしまったのだとか。そういうちょっぴり哀しいエピソードも彼への関心を高めている。アポロがスピードトラックで金メダルを取るのと、きれいな顔立ちがアメリカで高い関心を呼んだのだ。

ビッタースイートのチョコレートと一緒にいただくレートハーベストのジンファンデルは、ほろりと甘くて、「やめられない、とまらない、カッパエビセン」というコマーシャルが昔あったけれど、そういう感じで、ちょっと飲みすぎ（特に娘は）。平穏な家族のバレンタインデーだった。翌朝、レートハーベストのせいにするのは不公平だけれどちょっとだけ二日酔い。

お雛様

今年は雨降りの日が多く、夜は冷え込む。降り続いた雨の後に素晴らしくお天気のいい日がひょこっと出てくる。透き通るような青い空と光り輝く太陽が、緑色の丘や野原を照らす。瑞々しいエメラルドグリーンの丘と野原。雨に打たれて、ちょっと色が褪せていたフルーツの木々のピンクや白の花が生き返ったように生気を取り戻す。ミモザの黄色、ピンクの桃の花、スモモの白い花。鮮やかな色の美しさに胸がときめく。ソノマは春色。夜になると、まだ冷え込むけれど、もう3月。日差しの暖かさが、春がすぐそこまで来ていることを教えてくれる。

母と電話で話していたら、お雛様の話になった。幼いころ、公務員だった父の薄給の中で、母は一人娘のために雛人形を買ってくれた。豪華版の何段にもなったお雛様ではなくて、男雛と女雛だけのたった1段のお雛様。甘酒を供えてくれた。

中学生のころ雛人形はもういらないからと、従姉妹にあげてしまった。母は哀しかったと思うのだけれど、何も言わずに、恵美子があげたいのならいいよと言って梱包してくれた。そのときのことを思い出して申し訳なく思っていたら「もう飽きたからといって、従姉妹にあげたのよね」とからっとした声で言ってくれた。

日本に住んでいた当時、大人になってからは雛祭りなんてどうでもいいと思っていた。それがカリフォルニアに住んで年を重ねるうちに、日本の伝統の一つ、お雛様がなんだか切なくてとても懐かしい。

そんな私の感傷的な気持ちを察してくれたらしく、母が雛人形を送ってくれた。「孫娘のためだけれど、彼女が落ち着くまで恵美子が楽しんでね」という電話。届いたのが3月1日。それはそれは丁寧に梱包されていて、何一つ壊れていなかった。早速、ダイニングルームのコーナーに飾った。お雛様の曲が入ったオルゴールも入っていた。

お雛様のパーティをしようと、ソノマの近辺に住む日本人の女の友人たちに声をかけたけれど、忙しくて来られないという。そこで相棒の大学時代からの親友、ランスとサンディに声をかけた。

「3月3日は空いてる？」

「空いてるよ。何？」

「お雛様を祝うディナーをしたいんだけれど来れる?」

ここで私はお雛様についての説明を試みる。

「えっ、人形と遊ぶの?」

どうも理解してもらえそうになかった。

「エミのところで日本人形で遊ぶディナーに行くよ」とランスはサンディに言ったそうで、我が家にやってきたサンディは「さあ、遊びましょう。お人形はどこ?」と尋ねてきた。

「このお人形は見るだけで遊ばないの! でもオルゴールのお雛様の歌だけは聴いてね」と私。

「オー! ビューティフル、きれいな曲ね」とサンディは熱心に聴いてくれた。ランスと相棒は聞こえないふりをして、ちょっと離れたところで聴いていた。

まずはドメイン・カーネロスのスパークリングワインで乾杯。「ハピー、お雛様!」

続いて昆布と鰹節でダシをとったお澄まし。友人からいただいた白醤油を使ったお澄ましは全員が美味しいと言ってくれた。それから日本食を作る材料がなくてもできる私流の散らし寿司。細切りにして醤油と味醂(リースリングを使うこともある)と砂糖で煮たニンジンとみじん切りにしたくるみを、寿司酢を振りかけたご飯に混ぜる。その上に、ちょっと甘味をつけた炒り玉子(錦糸玉子は手がかかりすぎる)、解凍したグリンピース、細かく千切った海苔を散らしただけの簡単なもの。この日はおせち料理に使って余った油揚げと干しシイタケがあったので、ニンジンと一緒に煮た。

散らし寿司だけでは寂しいからと、相棒がカキフライを作ってくれた。平日の夜なので飲み過ぎないようにしようというサンディの提案で、スパークリングワインの後はドイツのリースリング、カキフライにはセインツベリーのピノ・ノワールを合わせた。最後はカベルネ・ソーヴィニヨンとシラーをブレンドした地元の小さなワイナリーの赤ワインでチーズを楽しんだ。

この日、私は「灯りをつけましょ、ぼんぼりに、お花をあげましょ、桃の花……」と一日中、歌っていた。そしてオルゴールでこの曲を聴くたびに、ほろりと涙が出そうになるのだった。

娘が高校に通っていたころ、隣の町の高校に通う娘をカープールといって3家族の親で当番制にして送り迎えをしていた。

私の番だったある日、高校の近くにあるスターバックスでカプチーノを飲みながら仕事をして、学校が終わるのを待っていた。スターバックスのコーヒーは決してまずくはなくて、この辺りではインテリアがしゃれていること、そして音響がいいのが気に入っていた。

ジャズが程よいヴォリュームで流れていた。いいなという程度で、さして意識することもなく読み物に熱中していた。すると突然、ピアノの演奏で「荒城の月」が流れてきた。

今まで読むことに集中していた気分が遠のいて、ハッとその曲のほうに意識が行った。なんと私は遠くまで来てしまったのだろうという気持ちと国恋しさが入り混じって、物哀しくてメランコリックな気持ちにずーんと落ちていった。外国に住んでいて日本の曲が突然聞こえてくるとこういう気持ちになるのは、私だけではないだろう。

「お雛様は毎年祝うのかい」とランスに聞かれ、すかさず「イエス！」と答えた私。娘に渡すまで、お雛様の歌を聴いてほろっとする私の雛祭りを続けたい。

独立記念日

＊のどかな午後とバーベキュー

7月4日はアメリカの独立記念日。1776年にアメリカ独立宣言が公布されたことを記念して、毎年7月4日に定められているアメリカ合衆国の祝日。全体的にアメリカでは「独立記念日（インディペンデンス・デイ）」と呼ばれるのが一般的だそうだけれど、この辺りでは「7月4日（フォース・オブ・ジュライ）」と言う人が多い。

独立記念日には各地でパレード、バーベキューパーティ、ピクニック、野球大会などのイベントが開かれる。また独立記念日恒例の打ち上げ花火は、1777年以来の伝統行事だという。

7月のソノマは毎日が素晴らしいお天気で、ブドウ樹の葉はふさふさと茂り、青い葉の下に固くて小さな房がひっそりと付いている。

この日は私にとってはバーベキュー（BQ）と花火大会の日。プラザでパレードが行われていて、早朝から席取りをして、ソノマらしい素朴なパレードを楽しむ友人も多いけれど、無精者の私はパレードはスキップ。家族、親しい友人が15人ほど集まってBQを楽しむ。

このあたりでBQと呼んでいるのは料理法としては正確にはグリルなのだそうだ。知人たちはガスやチャーコール（木炭）を使う。我が家ではWeberというブランドの黒い塗りの円い形をした器具を使ってこんがりと焼く。これにはコツがいる。

BQは大体男性の役割。一度だけ相棒が留守の夕食に「父親がいなくてもBQをしようよ」という娘の言葉に同意して2人で試してみた。手には火傷、煙でいぶされて目は真っ赤、散々な目にあった。それ以来、2人のときはBQをしてみようという大志は抱かないことにしている。

今住んでいる家は、昔、お金持ちの別荘（コッテージ）だったそうで、深くて古いプールがある。ダイビングボードがつけてあったらしい跡もある。この日は、友人たちが午後3時ころからやってくる。彼らは泳いだり日光浴をしたりしながら、チップスとワカモリ、サルサ、ソーセージ、フルーツサラダなどのスナックを食べ、シャンパン、ビール、白、赤ワインを飲みつつ、ゆっくり過ぎていく午後を楽しむ。夕食近くになると相棒がメインであるBQを始める。

毎年大体同じメンバーが集まる。その一人にサーファーで醸造家のビルがいる。プールに飛び込んで颯爽と泳ぐのではなくて、プールに浮かぶビニールのフロートに心地よさそうに寝そべって、手の平で女性っぽいしぐさでぱしゃぱしゃと漕いで?フロートを動かしている姿が愉快。「本当にサーファー?」ってからかいたくなる。

ライターのパムはスパークリング・ワイン片手にまるでお風呂のようにプールにつかって（?）ビ

ルとあれこれ本の話を始める。ビルは詩人でもあるので、2人は話が合う。

「プールサイドで飲むスパークリングワインは最高！」と毎年パムは言って、にっこりとほほえむ。そして「エミもいらっしゃい」が必ず続く。私は泳げないから、水着を着る気がしない。みんな魚のように泳げるので、うらやましい。

カヌーのコーチをしているエレンはちょっとふっくらした体で優雅に泳ぐ。一度でいいからあんなふうに泳いでみたいものだと、毎年、彼女の泳ぎを見てため息。

今年の夏こそ、スイミングのレッスンを取ろうと思うのだけれど、申し込もうかどうかとぐずぐずしているうちに夏が終わってしまう。泳がない人も一泳ぎをした人たちも木陰でゆったり。とてものどか。平和な1日。

この日のメニュー、定番はポテトサラダ（娘担当）、トウモロコシ、コールスロー（私担当）、BQは相棒が担当する。相棒は料理が大好きでとっても上手だけれど、繰り返して同じものを料理するのは好きではない。それで年によってはビーフとチキンのBQ、ある年はフィレ肉を包丁でみじん切りにしたハンバーガー、ある年は韓国スタイルの焼き肉と品変えする。

私のコールスローは、この辺りでよく見かけるたっぷりのマヨネーズとレーズンが入ったとろとろで甘いのではなくて、ぱりっとしたキャベツとニンジンの千切りを、マスタード、生姜、ガーリック、リンゴ酢などで作ったドレッシングで和えて、炒った白ゴマと香草のみじん切りを振りかけたもの。親友のサンディは大好きで、これを食べに来るようなものと笑う。

プールで泳いだり、おしゃべりして心地よくお腹が空いたところで、庭の芝生に並べたテーブルでにぎやかなディナーが始まる。

＊花火大会

夜は花火大会。相棒を含む仲間たちはワインを飲んで食べ続けるので花火大会には行かない。私は花火大会には日本での思い出と郷愁があるので、娘とあるいは友人たちと必ず行く。

夜になるとすごく寒くなるから、分厚いセーターにブランケット、ピクニック用の折りたたみ式の椅子を持って出かける。プラザから数ブロック離れた枯れ草を刈った空き地が会場だ。大きな川はないので、川辺が会場というのはない。小さな町だから、場所取りはそんなに難しくない。

空が真っ暗になったら、花火が打ち上げられる。この時期は夏時間なので、9時まで暗くならない。ようやく花火大会開始の合図の花火がパーンと上がる。あちこちからマリファナの香りがしてくる。

シューッという打ち上げ音がして、頭上で花火がパパパーッと開く。続いてドーンという音が地上に響く。目の前に花火が上がるので、火の粉が落ちてくるかと思うほどだ。臨場感がある。

札幌の花火大会のように大規模でも豪華でもないけれど、打ち上げられる花火1個1個に歓声を上げて拍手。町の人たちの一体感がいい。でも30分ほどで終わってしまう。

花火の豪華さ加減で、その年のソノマの景気状態を占う。町の消防署が寄付を募って、寄付金で花火を打ち上げるからだ。私たちも少し寄付をしているので、花火を見上げながら「うちの寄付はこの一発の何百分の一かな?」なんて思う。

乾季で雨が降らないから、すべてが乾燥している。万が一に備えて会場に消防車が待機している。個人の家での花火は禁止。娘が赤ん坊のころに、花火大会を見に行ったら、火の粉が雑草に点火して、煙が出たことがあった。そのころは1つ花火が上がると次のが上がるまで、ちょっと時間がかかった。

今はソノマもコンピューター化されたので、1個1個打ち上げられる花火を待たなくても良くなったけれど、ある年、コンピューターの故障?で一気に花火が打ち上げられた。今年は凄い豪華と思ってたら、ぴたりと花火が打ち上げられなくなって、お終い。一瞬、ぽかーんとして、その後ため息。

この大会のコンピューターのセッティングを担当した消防の人は、どんな気持ちだっただろう。これもソノマらしいよね。帰りは欲求不満解消にワインバーで飲んで帰った。町のバーは繁盛。これはこれでいいかな。

多少の交通渋滞はあるけれど、家に帰るのがすごく大変というほどではないのも小さな町ならではのメリット。

父親の仕事の関係で幼いころ阿寒で過ごしたことがある。花火大会を初めて体験したのが釧路。

めったにないことで、父親も一緒に汽車に乗って釧路まで出かけた。釧路川の川辺に仕掛けられた蚊取り線香の仕掛け花火。火をつけるためにその前をだーっと走っていた花火師の姿を今も覚えている。

末っ子の弟が甲高い声で、「おなかにドーンて響くね！」と叫んで、周辺の人たちがうなずきながら微笑んでいた。初めての花火を見たときから、血が騒ぐのは、日本人？

一度でいいから私が札幌で見た花火を娘に見せたいと思っていた。遂にその機会が訪れた。彼女の高校生最後の夏に、ルネッサンスホテルの庭から豊平川の川辺の花火大会を一緒に見ることができたのだ。花火が打ち上げられる前にホテルで食事。奮発してシャンパンを飲んだ。

浴衣姿の子供や恋人たちで賑わって、楽しい風情。ソノマの花火大会なら、さしずめフィナーレであるだろう何層にも重なって打ち上げられる見事な花火が続く。娘がしっかりと私の手を握った。彼女の手は小さくて、妊娠中に私が十分に栄養を摂らなかったからだな、なんて、突然母親意識が頭をよぎる。

「この花火大会忘れないね」と娘が囁いた。もう一ついい思い出を作ることができた。一緒に札幌に来ることができて、花火大会を一緒に見ることができたことに感謝。生きているということはたくさんの幸せな思い出を作ること。この思い出も私の宝物。

10月のパンプキン

＊パンプキンパッチ

ブドウの収穫がほぼ終わる10月。もちろん母なる自然が与えてくれる天候で、収穫の時期は年によって異なるけれど。

そしてインディアン・サマーがやってくる。夏を思い出させるような暑い日が数日続くのだ。暑かった夏を思い出し、やれやれこれでようやく涼しくなるという想いと、今年の夏にお別れだわねという感傷とが入り混じる10月。

オレンジ色の点々がはるかかなたまで広がっているパンプキンパッチ。橙色の太陽に照らされた広い大地にずらりと並べられた大きなパンプキン。親たちに連れられた子供たちがハローウイーン用のパンプキンを買いにやってくる。

父親に肩車をされて嬉しそうにやってくる幼い男の子。ちんまりと姉妹が座った小さなカートに、2つのパンプキンを乗せて、よいしょよいしょとポニーテールをゆすりながらカートを引く若いお母さん。

四角に束ねられた干草を積み上げて作ったピラミッド。頂上に旗がなびいている。ステップを1つ1つ這い上がっていく様子をカメラで追う父親。

ナパへ通じる29号線にあるパンプキンパッチは子供の天国だ。私の背を越えるひまわりと、とうもろこしが入り混じって植えられてメイズ（迷路）が作られている。

とうもろこしは食べるものと思っていたけれど、ここのとうもろこしは楽しむために栽培されている。週末のこの日、家族連れで賑わっていた。

パンプキンにオレンジ色の夕日が差し、金色に光ったパンプキンを子供たちが走り回って選んでいる。とうもろこしとひまわりの畝の長さは１００ｍはあるだろうか。その畝が50ほどある。この中に紛れ込んだら、小さな子供は見えなくなってしまうほどの広さだ。

隣のきれいな緑の芝生の広場に、ピクニックテーブルが置かれている。ここで早めの夕食を楽しんでいる老人たちも楽しそうだ。

まだ生後６カ月くらいの赤ちゃんをパンプキンの横に寝かせて、黄色のTシャツにショートパンツの若い父親が懸命に写真を撮っている。赤ちゃんは、大きなパンプキンの陰に隠れてしまうほどだ。赤ちゃんはあまり居心地が良くないらしくついに泣き出してしまった。母親がごめんねと言って抱き上げた。

３歳くらいの女の子がお気に入りのパンプキンを選ぼうとパンプキンの間を走り回っている姿に遠い昔の幼い娘が重なる。娘が５、６歳のころ、私はとても忙しかった。今、思うとパンプキンパッチへ連れて行ってあげたことがない。いつもスーパーのコーナーにたくさん並べてあるパンプキンから、娘が選んでいた。

そして父親と一緒にパンプキンの中をくりとって、目と鼻と口を彫って、中にキャンドルがともせるランタンを作っていた。

もしここへ連れてきていたら、全身で喜びを表現して、何度も振り返って私の顔を見てはハピー！と前歯が1本抜けた口を開けて笑っただろう娘の顔。

ある時、娘とソノマのプラザにある横断歩道を渡っていた。一段上になっている歩行者用の道へ入る数歩前に手を放したら、なにかにつまずいて転んでしまったのだ。そして運が悪いことに、前歯をその一歩高くなっている歩道の端にぶつけたものだから、前歯が根元からぐらぐらになって、抜けてしまったのだ。

相棒の母親に電話でそのことを話したら、「誰が彼女を見てたの？」と冷たい声で聞かれて、「私です」と答えた。

5歳くらいで前歯が抜けているものだから、ショッピングセンターとか公園などへ行くと、歯が抜けたときにエンジェルが来た？と聞いてくれる男性や女性がいた。「これはエンジェルからよ。お子さんにあげてもいいですか？」と25セントをいただいて、不思議そうな顔をしていた娘。私は子供の歯が抜けるとその夜枕の下にエンジェルが25セント置いていくという慣わしを知らなかった。

もっとも娘の友達の歯が抜ける年齢になって、そのことを知った娘は、25セントではなくて、もう少し置いていってほしい旨をエンジェルに伝えておくようにと頼まれるようになったけれども。

「あまりいいママじゃなかったね。パンプキンパッチにも連れて行ってあげられなくて」。ちょっとセンチメンタルになって電話した私に、「いいのよ、パンプキンパッチには連れて行ってくれなかったけど、他の子が行ったことのない、いろんなところに連れて行ってくれたでしょう。私はハピーな子供時代を送らせてもらったと思ってるよ」と優しい。

相棒の仕事の関係で、私たちはいろんな国を回った。相棒1人で行くと簡単なのだけれど、不便さや不自由さや余計な手間がかかることを承知で、いつも3人で旅をした。娘がまだ赤ちゃんでベビーシートに寝てるだけのころからのことだ。

ソノマからサンフランシスコへ入るのにゴールデンゲート・ブリッジを渡る。車に3人以上乗っていると橋を渡る際に支払う料金がただなのだ。料金を払う用意をしていたら、係の人が「赤ちゃんも入れたら3人だから、ただですよ」と言うので、娘も人数に入っているのねと、ほのぼのとした気持ちになったものだ。

そのころから私たちはチームだった。小さな子にとって、大人のスケジュールに付いてくるのはとても大変なときもあった。泣きわめく子ではなかったけれど、目から涙がにじみ出ていたこともある。

それも今思うと、働く両親の後ろ姿を見て育ったのはいいことだったのだと思えるようになった。娘は小学生時代と中学生時代は、自分が連れられて行ってきた国のことは友達に一言も話さなかった。この体験が彼女にとってプラスになるのか、マイナスになるのか、確信がなかった。プラスになってくれますようにと、母親としては祈ることしかできなかった。

その彼女の孤独感が消化されて、高校生になったころから、いろんな国を両親と良くも悪くも回ったことをプラスとして受け止めてくれるようになったので、ほっとした。娘はそのことを指摘して慰めてくれたのだ。

友人たち家族の休暇はキャンプへ行ったり、海へ行ったりしているのに、娘は外国へ連れて行かれて、ワイナリー訪問、各国のインポーターたちとの付き合いに連れ回されていたのだから。家族が子供中心に過ごす休暇というのを、私も娘もあまり経験していない。

私の背丈を越える位置にあるひまわりの花たちが、夕日のほうに向いて、その重さにちょっとうなだれている。隣で大きなパンプキンをたたいて見せる父を真似て、男の子が同じようにたたいている。干し草のピラミッドの頂上に、そよ風になびくピンクのサマードレスを着た5歳ほどの女の子が立っている。彼女の金髪に夕日が反射している。高いところが苦手そうな母親は腰が引けた様子で、娘の近くまで上ってきた。

家族と連れ立ってここへ来ている子供たちが、幸せな人生を歩みますように。離婚率50％の国。ここへやってきている家族もいろんな道を経るのだろう。それでも幸せになりますように！

帰りにスーパーに寄ったら、2歳ほどの子をショッピングカートに座らせた母親が、パンプキンを選んでいた。このお母さんも忙しいんだなと思いやりながら、買い物を急いだ。

＊ハローウイーン

これぞと思うパンプキンを手に入れて、へたの辺りを切り取って、そこから中の種を取り除く。目鼻口を彫って、キャンドルを中に入れて玄関先に飾る。10月31日がハローウイーンだ。

夕方になるとキャンドルに火をつけて、小さな訪問者たちがやってくるのを待つ。パンプキンを通してほのかなオレンジ色がちかちかとゆれる。切り抜いた目と鼻と口からこぼれる灯りがパンプキンの周辺を明るくする。心が温まる。

子供たちにとっては、思い思いの仮装をして「トリック・オア・トリート」と言いながら近所の家を回って、キャンディやチョコレートをもらうのが何よりの楽しみ。パンプキンにキャンドルが灯っていたら、待ってますよというサイン。

娘が2歳のときに初めて着物を着せて、パンプキンのバスケットを持たせて、ごく親しい近所だけを連れて回った。こんなにキャンディがもらえるなんて信じられないと、目を大きくして興奮していた娘。チョコレート好きの相棒が、自分の好きなチョコレートを食べてもいいかと娘と交渉している様子がおかしかった。

翌年からは相棒が娘を連れて「トリック・オア・トリート」に出かけ、私は家でキャンディやチョコレートをあげた。そのころ住んでいた通りはたくさんの子供たちがやってきた。2歳当時の娘を思わせる初々しいバレーリーナ。

時には集団でかわいくない中学生が来て、テラスに飾ってあるパンプキンを道に投げてつぶしていくグループがあって、いやな気持ちを味わったこともある。

最近は学校やコミュニティセンターでお化け屋敷を作って、子供たちを集めるようになった。このほうが子供を危険にさらすことが少ないからだ。それに現実的にはキャンディやチョコレートをもらって、それを食べまくるのは、栄養学的に良いことではないということもあるだろう。

ハローウイーンの翌日、ソノマの歯医者さんグループが子供たちが甘いものを食べ過ぎるのを防ごうと「キャッシュ・フォ・キャンディ」と銘打って、キャンディ1ポンドを1ドルと交換するイベントを開催。209ポンドのキャンディが集まった。

素朴な子供のお祭りだったハローウイーンは、クリスマスと同じように商業的な行事となって、今では50億ドル産業だという。コスチュームも年々派手になり、仮装を楽しむのは子供だけではなくて大人も楽しんでいる。

数年後に、私たち家族は町外れに越したので、トリック・オア・トリートの訪問者は誰一人やってこなくなってしまった。

娘がサンディエゴの法律学校に通い始めた年、私たちはハローウイーンをサンディエゴで迎えた。サンディエゴのダウンタウンは、仮装した老若男女が闊歩して賑やかだった。私たちは仮装はせず道行く人の仮装を眺めながら食べて飲むことに専念。

食事を終えると、スペースがゆったりとしたバーへ立ち寄って、カクテルをオーダー。椅子に腰掛けて待っていたら、プレイボーイの真っ白なバニーのコスチュームを着た女性が私の前にお尻を向けて立った。

白くて真ん丸いバニーの尻尾が目の前にある。何も考えずに思わずその真ん丸い尻尾を引っ張って、一息ついてぱっと放した。誰がさわったのだろうと振り返った若い女性の顔は驚きと恐怖で引きつっていた。

娘が笑いをこらえながら「ママ、ラッキーね。もし恋人と一緒だったら、ママは恋人にパンチを食らったかもしれないわよ」と言った。そうかもね、でも引っ張られるのがイヤなら、私の目の前に尻尾の付いたお尻を持ってこなければいいじゃないの。

すると、若い男性が寄ってきて、にこにこ顔で握手を求める。「よくぞやってくれた。僕も一度はあの尻尾を引っ張ってみたかった」と言う。いけないことだよね。でも引っ張ってみたかったんだもん。

翌年はヘアドレッサーのジェニファーが、ブルームーンというバーでカラオケ大会をしているから、一緒に行こうと誘ってくれた。彼女はとても歌がうまい。

私が日本を離れた当時、カラオケが札幌に出始めていて、送別会で今まで一度も歌ったことのない先輩までが私のために歌ってくれた。

当時はカラオケの走りのころで、今みたいに盛んではなかった。それがソノマでもカラオケが盛んで「カリオキ」と聞こえる英語になっている。「知ってる？　カラオケって日本で発明されたんだよ」

と言っても誰も信じてくれない。

夜の9時、ブルームーンで待ち合わせた。ジェニファーは、もう来ていた。それぞれが工夫を凝らして仮装している。いつも靴を買うお店のダイアナがいた。ドイツのビヤーガーデンでウエイトレスさんたちが着るビヤー・ウエンチと呼ばれる服を着ていた。ミニスカート、豊かな胸の半分が見えるブラウスにベスト。何も仮装していないのは少数。その少数に私も入る。ジェニファーは妊娠した修道女の扮装。頭に被った黒と白のスカーフが滑り落ちてくるので被るのをあきらめた。それを私が被らせてもらった。

上下が黒の少年兵?のいでたちで、日の丸が描かれた鉢巻を締めている青年がいた。歌もまずまず。何度も歌っていた。もしかして日本の少年兵のことを知っていて、この扮装をしているのかもしれないと思って声をかけたら、何の話をしてるの?という表情。近くで見たら一番と書かれた日の丸の入った鉢巻を逆さに締めていた。

ソノマのプラザにスタイナーズというバーがある。日中は定年退職した元若者が集まって飲み、夜になると若者が集まる。

10時からバンド演奏が始まるというのでスタイナーズへ移動。仮装した若者でびっしり。修道女のスカーフをかぶっている私に背の高い青年がわざとぶつかってきて「ソーリー、シスター!」と言ってにやりと笑った。

バンドのメンバーも仮装。なかなかいいリズムなので、1人でバンドの真ん前に行って踊り始めたら、「ソーリー、シスター」の青年が彼女とダンスをしているのに、わざとぶつかってきてにっこり。顔に何か塗りたくっているので、誰かわからないけれど、もしかしたら私を知っている青年なのかもしれない。

弟2人と育った私の本性が出た。そのでかい青年を押し返して自分の踊るスペースを守ったら、向こうが負けてくれたので、自分のスペースを守った。

翌日、そのことを相棒に話したら、「彼は明らかに負けてくれたのさ。でもその気になったら彼は一発で君を突き飛ばせるはずだよ。自信過剰になりなさんな」と言われた。そう言われればそうだよね。日本にいたら決して小さくはないので、むしろ大きいと思っているものだから、つい、自分のサイズを忘れてしまう。アメリカにいるときは小柄なのだということを自覚しておくべきなのだろう。

ハローウイーンが終わると11月。夏時間から冬時間に変わる。1時間時計を戻す。翌日から5時になると暗くなる。前日までは6時に暗くなっていたのが、5時になると暗くなってくる。

いよいよ寒くて暗い冬がやってくるのだ、と気持ちが沈む。でも朝は8時に起きると、それは今までの9時なのだから、よく眠ったなと快眠感が味わえる。

やがて嵐がやってきて、街路樹やブドウ樹の葉が落ちて、冬景色に変わる。そして11月末の感謝祭、ホリデーシーズンと続き、その年があっという間に終わる。

感謝祭

＊友人たちとディナー

11月最後の木曜日が感謝祭、サンクスギヴィング。この年は11月24日だった。

ブドウの収穫を無事終えて、ほっと一安心した時期の祭日。もっとも、この時期に晩熟品種のカベルネ・ソーヴィニヨンがようやく熟して必死に摘んでいるという年もあったけれど、今年は無事に収穫が終わったので、ワイン関係者はリラックスしてこの祭日を楽しむことができる、文字どおり感謝の日。

今年最初の雨が降って、最初の霜が降りて、わずかにブドウ樹に残っている葉が黄金色に輝いている。この葉がすべて落ちてしまう日が、すぐそこまで来ている。

朝夕に露や霜が降りるために、畑の地面は草が生えて緑色だ。乾季で草が枯れて茶色だった山肌も緑色。冬のカリフォルニアの日を浴びてエメラルドグリーンに輝く。カリフォルニアのユニークな冬景色。

私たち家族3人は、感謝祭は毎年、親友夫妻、ランスとサンディの家で過ごす。持参する品はサンディが電話で言ってくる。昨年まではピーカン・パイを2皿持ってくるようにといわれていた。今年はピーカン・パイじゃなくていいから、デザートとアピタイザー2つを持参するようにということだった。相棒と私はアピタイザーを1つずつ、それから私と娘の共作のアップルパイを持っていくことにした。

私担当のアピタイザーは、作り方が簡単で美味しくて食べやすいレシピを見つけた。ピータープレッドを8つに切って、さらにそれを2つに切って、少しトーストして、そこへマッシュルームとエシャロットの炒めたものとチェダーチーズをのせてオーブンでチェダーチーズが溶けるまで熱して、いただくという一品。相棒は薄くスライスしたなすびにゴートチーズを入れて巻いた一品。3本のワインとデザートとアピタイザーを持って3時に到着。

もうほとんどの人が来ている。早速、アピタイザーを出す。私のアピタイザーは、サンディが手際よくチーズが溶けるまでオーブンで温めてくれた。歓声を上げて食べ始める。私たちが持参したアピタイザーは好評。

ワイングラス片手にテラスの椅子に腰掛けて、サンディが熱心に手入れをしている庭を見ながらおしゃべりをする人、居間の椅子に座って話す人、それぞれだ。久しぶりに会う顔、家族同士のディナーの常連、とてもなごやか。

今年は16人が集まった。ランスは25ポンドの大きなターキーをバーベキューする。皮はキツネ色にこんがりと、中の肉は程よく湿って軟らかに焼く。彼は長年の経験から得たコツで、毎年見事に焼き上げる。サンディが詰め物（彼女はターキーの中に詰めずに別に作る）、クランベリーのレリッシュ、マッシュユポテトを担当。長年の友人の一人であるジョンがグレーヴィーを作る。

ソノマに相棒と越して来た年の感謝祭の夜はしとしとと雨が降っていた。感謝祭のいわれなど何も知らなかった私は「食べて飲む祭日」と解釈していた。

娘が幼稚園に通うようになって「アメリカン・インディアンがとうもろこしの育て方を教えてくれたのよ。収穫を感謝するお祭りなの」と幼稚園の工作で作ってきたアメリカン・インディアンのお面を見せながら教えてくれた。

こんがり焼けたターキーのいい匂いがしてきた。大きなターキーをランスがテラスから静々と運んでくる。それを大きなまな板にのせて切り始める。今年のターキーの味は？と胸が弾む一瞬。脚、腿、胸肉と切り分けてきれいに大皿に盛る。

テーブルを3つほど連ねた席に着く。サンディのテーブルセッティングはいつも素敵だ。お皿を並べても邪魔にならないように、そして向かいの人の顔が見えるように、小さめの花瓶と背丈の低いキャンドルがテーブルの数カ所に置かれている。感謝祭の色であるオレンジと黄色の小菊を中心に白をちょっと加えたアレンジメントが温かい雰囲気を盛り上げている。

盛大な早めの夕食が始まる。ワインがサイドテーブルにずらりと並ぶ。白ワインはドイツのリースリングとオーストリアのグリューナー・フェルトリナー、赤ワインはシラー、カベルネ・ソーヴィニヨン、ピノ・ノワール、ジンファンデルと選り取り見取り。好みのワインをテーブルに持ってきて注いでターキーをいただくのだ。

美味しいからといってターキーを食べ過ぎるとデザートが食べられなくなる。この手の会食の経験者である私はペースを保って、しっかりデザートまでいただく。

デザートは5種類くらいがサイドテーブルに並んでいる。セルフサービスで好きなだけ切って小皿に盛る。アップルパイとパンプキンパイは感謝祭には欠かせない。それ以外にチョコレートケーキ、クッキー、フルーツタルトと華やか。

誰もが幸せそうにテーブルを囲んでターキーを食べている。ソフィアとブルックスの19歳になったばかりの末っ子はボストンのカレッジに行く予定だったのに、今妊娠8カ月、大学入学は中止。ジェリーとパムのカップルは、相棒の大学時代のクラスメートだが、ここへやってくる前に口論をして別居をしようかという所までエスカレートしたとか。それでもそういう愚痴や暗い顔はなくて、みんなジョークを言っては笑い合い、和気藹々と楽しい会食が進む。ランスの弟一家の子供2人も、きちんとテーブルに着いて一緒に食べる。

10歳になる男の子、マットはマッシュポテトとターキーの足だけ。私の隣の席だったのでグレーヴィーをかける?と聞いたら、「イエス、プリーズ!　あっ、ちょっと待って」とマッシュポテトを丸く盛って真ん中をへこまして穴を作ってここにかけてと言う。そこへ注いであげるときちんと「サンキュー!」と言う。よくしつけられた子との食事は楽しい。

子供たちは食事が終わると別室でテレビを見てもいいのだ。娘も幼いころはそれが楽しみだった。好きなDVDやテレビの子供番組を数時間見ることができるのだからたまらない。

もう暗くなったし、そろそろ帰る時間かなと時計を見るとまだ9時。チーズがテーブルに出されて、ランスがさらに数本のボトルを開ける。

私はこの夜の運転手をすることになっているので、2時間ほど前から水ばかり飲んでいる。みんな、酔ってますますご機嫌のころ、私は水っ腹で、酔いも覚めてしらけた気分でみんなを眺める。

ベイエリアに住むジェリーとパムは、感謝祭の日は毎年、キャンピングカーでやってきて車を我が家の庭に停める。ブドウ畑があちこちにあって、放牧場に羊が群れたりする場所に住んでいるので、朝は犬と一緒に散歩をしてキャンプ気分を謳歌するのだ。その2人も私の車に乗せて家へ帰る。パムは寝る前にブランディを飲むのが好きなので、我が家で寝る前の一杯を楽しんで、この日は終わった。

翌日はパムとジェリーと私たち家族の5人で、ソノマのプラザに出かけるのが慣わし。プラザで朝食を食べて、スイスホテルのバーでグラレフィーを飲むのが習慣だ。相棒とジェリーは次のバーへ繰り出す。

私と娘とパムはウインドーショッピング。この日、パムがピアスの穴を開けたいけれど、1人じゃ行けないから一緒に付いてきてと言うので、ピアスをしにジュエリー店へ行く。すごく緊張する彼女を冷やかしながら、それでも無事にピアスができた。きらきら光るピアスがとても似合っていた。

飲み物が必要だわと言うパムのリクエストで、レストランのバーへ行ってスパークリングワインで乾杯。ジェリーと相棒もやってくる。別居なんて話まで出ていたのは吹っ飛んじゃったようで、パムはとっても幸せそうだ。

サンディの両親はメキシコ系アメリカ人なので、いつも感謝祭の翌日は残ったターキーでターキータコを作っていたという。その伝統を引き継いで、感謝祭の翌日はターキータコを作って振る舞うのだ。

この日は30人ほどがターキータコを食べにやってきた。すっかり有名になってしまったターキータコ。そのために残りのターキーでは足りなくて、もう1羽焼くという。

メキシコ料理を持参でやってくるゲストも多く、感謝祭の翌日はメキシコ料理を堪能する。スペインに7年も住んでいたという友人の甥や1年に1度だけ見る顔ぶれ、お馴染みの顔たちが部屋と庭に一杯。なんともにぎやか。

私たちにとっては2日間の感謝祭イベントだ。久しぶりに娘と一緒に過ごせて幸せな感謝祭だった。楽しい仲間に恵まれていること、ランスとサンディは私がソノマにやってきたときから、親戚のように受け入れてくれたこと、娘をこの仲間たちのコミュニティの子供みたいに可愛がってくれることに感謝する日でもある。

＊パイ作り騒動

私はベイキングが苦手。というよりオーブンを使うのが苦手なのだ。オーブンなど見たことも使ったこともなく育った私は、あの大きな鉄?の箱（オーブン）が厚い肉を焼き切ってしまうほどに高熱になるのかと恐ろしい。

一度だけ、友人宅のディナーの席でオーブンが怖いといったら、友人のハズバンドが椅子から落ちそうになって笑った。もう一人の男性は椅子から転げ落ちなかったものの、肉を口に運ぶ途中でフォークが止まった。西洋料理には欠かせないオーブンが怖いというのが理解できないというのを越して、爆笑までいってしまった。

もう一つの理由は、カリフォルニアに越して来たばかりのころ、女性作家がオーブンに首を突っ込んで自殺したという新聞記事を読んだ。オーブンは殺人器具になるのだと思うと、オーブンの不気味さを感じてぞっとしてしまったのだ。

そんな私に育てられた娘もベイキングが苦手なのに、サンディは私と娘に感謝祭のデザートを作るようにという。

毎年、パイ作りでひと騒動。この年はサイトで見つけたアップルパイのレシピーに2人で挑戦することにした。ジンジャーソースとブラックベリーを使うところがユニークというので決めた。

万が一に備えて感謝祭の前夜に作ることにした。材料に2種類の青リンゴを使う。まずどのくらいの大きさに切るかで私と娘は意見が一致しない。私はレシピーに書いてあるとおりに生真面目に切ろうとすると、娘は小さく切ったほうが良く煮えると主張する。

ここで娘はベイキングが得意な友人に電話。友人も、偶然「今パイを作っている」という返事。2人はパイ作りを続けながらおしゃべりも楽しんでいる様子。切ったリンゴを大なべにいれて柔らかくなるまで煮て、ざるに入れて煮汁をきっていたときに、電話の向こうの友人が「ところでリンゴの皮をむいたよね」と言ったらしい。娘が「ママ、リンゴの皮をむくのを忘れちゃった！」と叫んだ。

明日の朝、早くにもう一度材料を買ってくるといったら、娘の父親が「いや、どんな料理にも救済方法がある。今、皮をむけばいい」と提案。まだ熱いので手では無理。野菜をつまむ道具でリンゴを1片ずつつまんで包丁で1つ1つ皮をむいて、パイ皮に入れた。「あまりくちゅくちゅと触らないほうがいいよ」と言い残して、後は娘に任せてお風呂。出てきたらパイが出来上がっている。

パイの皮が滑らかに丸くなるように煮たリンゴを優しくなでて整えるべきところを、娘は私の言葉どおりにあまりいじらずにパイ皮で覆ったものだから、焼きあがったパイは醜い！　まるで火山のクレーターのようだ。片方がへこんで、反対側はぴょこんと突き出ている。

「ママが愛情をかけないでほったらかしたから、こんな醜いパイになったのよ」と娘が言ったので大笑い。

翌朝、スーパーに行ってすべての材料を再び買ってきた。レジの青年にその話をしたら、笑っていいものか、同情すべきか迷っている表情で、隣のレジの女性にその話をしている。レジの女性が「アウチ！（痛い！）」と言った。

2度目に作ったパイは美味しかった。パイ作りの苦戦をサンディに話して、だから来年はもうデザートを作るようにと言わないでと伝えたら、答えはノー。2人が毎年デザート作りで苦労するのを楽しんでいる様子。

その前の年にもピーカンパイを焼きすぎて、真ん中がかぱっと開いてしまって、作り直した。

あれから数年たった今、私たちはもうデザート作りはしなくてもよくなった。出席者が年を重ねて、甘いものを食べなくなったので、数多くのデザートはいらないとサンディが決めたからだ。

ホリデーシーズン

＊クリスマスからホリデーへ

最近のカリフォルニアでは、クリスマスシーズンとは言わない。ホリデーシーズンと言うのがポリティカリーコレクト（政治的に正しい？）なのだ。

もっとも保守派は、アメリカはキリスト教者が設立した国、多数派がキリスト教信者なのになぜクリスマスシーズンと呼んじゃいけないのかと反論している。

リベラル派はキリスト教以外に仏教、イスラム教、ユダヤ教等々、いろんな信者が住む国で、必ずしも全員がキリストの誕生であるクリスマスを祝うわけではなくて、ホリデーシーズンを祝うものというのがその理由だ。

だから挨拶は「ハピー・クリスマス！」「ハブ・ア・ナイス・クリスマス！」ではなくて、「ハピー・ホリデー！」「ハブ・ア・ナイス・ホリデー！」という挨拶になるわけだ。

ソノマの町でも、このことが問題になった。私がソノマへ越して来た当時、市役所の公園にキリスト降誕の場面を示す人形が飾られていた。本来、クリスマスはキリストの誕生を祝うからだということなのだ。

それがクリスマスは冬を祝う祭りで、ことさらキリスト教の宗教的要素を強調しなくてもいいという意見が多くなってから、このディスプレイは見られなくなった。１９９０年に宗教的メッセージを市として流すわけにはいかないという多数派の意見でディスプレイが禁止になったのだ。

それが今年、保守派の評判の高いセバスチャーニ氏が、17年ぶりに復活させようと市に提案して投票が行われ、この意見は拒否された。これを許すと、ナチスドイツの国章だった鈎十字の旗やアフリカン・アメリカンを差別する南部同盟の旗が掲げられることも、許すことになってしまうというのがその理由だった。

個人がどの宗教を祝うのも自由として保障されているけれど、公共の場である市は、公正でなければならないという思想が尊重されてのことなのだ。ほとんどが仏教徒の国から来ると、この複雑さを抱えたアメリカは公正な国であるために、それがアメリカという国の維持につながるわけだから、教育を通じて、努力をしているのだなあと痛感する。いろんな問題を抱えているアメリカに、納得がいくというものだ。

＊クリスマスツリー

本格的な冬がやってきた。数日前の強い風と雨が、庭の木々とブドウ畑の葉をふるい落として、一挙に冬景色に変わった。この年は私がソノマに20年以上住んでいて一番寒い冬だった。前所有者が夏の別荘用に建てたという我が家は風通しが良くて、ガスのヒーターだけではちっとも温まらない。相棒が朝からせっせと暖炉に薪を入れてくれる。暖炉の火はヒーターと違ってほんわかと優しい暖かさで体を包んでくれる。

朝食を食べようとダイニングルームに行って、いつものように裏庭を眺めたら、芝生が霜で真っ白。室内から景色を楽しむ分には素敵だけれど、外へ出たら寒いんだろうなあと身がちぢむ。

それでも娘を学校に連れて行くため、覚悟して外へ出る。車のフロントガラスは厚い霜に覆われてワイパーは凍っていて動かない。外にある水道の栓も凍っていて動かない。仕方なく家から水を入れたヤカンを持ち出して、水をかける。こんなことはめったにない。ようやくフロントガラスがクリアになったので、運転開始。私の故郷、札幌の冬はもっと寒くて、これが日常なんだろうなあとふと思う。

ちらほらと残っている茶色のブドウの葉も白い霜に覆われている。

明るい日差しをあびながらそぞろ歩きをしていたツーリストたちは雨と寒さのせいで消えて、プラザはひっそりとしている。この冬を生き延びられずに何軒の店が、プラザから消えていくのだろうか。

感謝祭が終わって12月になったら、プラザから数ブロックはなれたところの空き地で、クリスマスツリーが売られ始める。ツリー専門農場で育てられたツリー用の松ノ木が大小300本ほど、根元のところから切られて運ばれてくる。幹を地面に刺した三角形の松ノ木が空き地にびっしりと並ぶ。程よい値段で形がきれいな松ノ木に出会えますようにと、期待と不安を胸にツリー売り場に向かう。

この年、仕事が忙しくてツリーの木を買いに行くのが遅れてしまった。もう180センチ以上の大きな木しか残っていない。大きな木は4万円とか6万円とかする。もう少し早くに来ればよかったという反省で無言の私を、哀しそうに娘が見つめる。またしても仕事を優先して、娘を哀しませてしまったなあと、私も哀しくなる。

刺青で塗りつぶしたたくましい腕のおじさんが「大きなツリー、半値でいいよ。大きすぎたら枝を落として幹を切ってあげるから」と声をかけてくれた。幼い娘の表情がぱっと明るくなった。相棒から借りた日産のトラックに木を積んでもらって、体中で幸せを表現している娘を助手席に乗せて家に帰る。

相棒が木を家に運んで部屋の隅に立ててくれる。アップルジュースにシナモンとレモンを少し入れて温めて、ホットアップルサイダーを作る。大人になった娘はラムを入れるのを知ってた？と聞いたので、それからはラムかブランディを入れようになった。

音楽をかけて、ホットアップルサイダーを飲みながらツリーの装飾に取り掛かる。娘が幼いころは、赤いビロードのリボンと銀色のリボンがたくさん入っている値段もそう高くないボックスを買って、隙間を埋めるという感じで飾っていた。

でも少し大きくなったら、娘がその年のツリーの色とかテーマを決めて飾り始めた。ある年は真っ白なオーナメントばかり、ある年は明るいブルーが入った紫と、ユニークで素敵なツリーになる。いつからか覚えていないけれど、毎年、1つだけオーナメントを買ってあげるのが習慣になっている。慎重に幸せそうにオーナメントを選ぶ娘を見つめる。母親としての幸せなひととき。

一緒に過ごす時間は少ないけれど幸せだった思い出をできるだけたくさん作りたい。そんな願いをこめた娘とのひととき。その思い出は娘のため、そして何よりも私のため。松ノ木？ モミの木？ の香りが部屋中に漂う。私にとってクリスマスは冬のお祭り。ツリーはそのシンボル。

＊ホリデーブルース

感謝祭が終わると即（最近は感謝祭が終わる前から）、恋人同士、仲間同士、家族が幸せそうに過ごすホリデーのイメージがこれでもかとテレビや新聞、雑誌、ラジオで流される。雪が積もったホワイトクリスマス。なんてロマンチックなんだろう、胸をときめかせてうっとり眺める。パーティーシーズンの始まり。その反面、この時期の自殺率が高いという事実が厳然と存在する。

この時期になると気持ちが沈む人々が少なくない。こんな楽しい時期にどうして落ち込むのと不思議に思う人もいるかもしれない。

一緒に祝う家族がいない人、この時期に身内を亡くした人、遠く国を離れて一人ぼっちの人といろんな理由で、いつもよりもっと孤独感、寂寞感、喪失感にさいなまれる。それがうつ病となって現れることもまれではない。

ある人はこの時期に大切な家族の一員を失ったかもしれない。またある人は、みんなが幸せで暖かく、まるで絵に書いたように理想的な家族がこの季節を祝っていると想像して、それに比べて自分の家庭はあんなふうには祝えない、なんて不幸なんだろうと思ってしまうかもしれない。

ある人は高価なプレゼントの交換があちこちでされているひどく商業的になってしまった最近のクリスマスに押されて、経済的余裕がないのにクレジットカードで無理をして高価なプレゼントを買い、経済的に成功していないことを恥じて気持ちが落ち込んでいくかもしれない。また経済的な事情で昔のようにこのシーズンにお金を使えないことに落ち込む人もいるだろう。

女友達のエレンは感謝祭は大好きと、20人も招待して、料理に大いに腕を奮う。その彼女がクリスマスは大嫌いと言う。エレンはその理由をこう説明してくれた。

「クリスマスの後に父親を亡くしたの。私は12歳だった。その後のクリスマスは楽しくなかった。兄は独立して家を出た後、母と2人だけで過ごすクリスマスは苦痛だった。

父が亡くなってから、二度と元の母に立ち直れなかった。そんな彼女の悲しさの穴を埋めるのは私では無理だった。母はいつも沈んでいたわ。もしなぜクリスマスが大嫌いなのかとカウンセリングに行ったら、多分その理由の源はここにあると言われると思うわ」

「でも今は優しい弁護士のハズバンドと子供2人がいるから、楽しいクリスマスを過ごせるでしょう」

「楽しくないことはないけれど、とにかくしなければならないことがたくさんあって、ワークって感じのほうが強いわね。例えば相棒の甥っ子は4歳なんだけれど、その子供に贈るプレゼントは難しくて店を駆け巡って探さなくちゃならない。

母は何を贈っても、もうあまり喜ばない。だって必要なものは、もうそんなに無いでしょう。親類に送るパッケージの手配、クリスマスカードを送る手配、とにかくただ忙しいっていう感じで純粋に楽しいといえる感じではないわね」

そういう私も、感謝祭のころから、毎年決まって寂しさやちょっとした哀しさが心をふさぐ。収穫が終わって黄色と赤に変わったブドウ樹の葉が、雨季に入って、一雨ごとに葉が落ちていく光景や霧にかすんだ灰色のブドウ畑が寂寞感を募らせるのかもしれない。

11月の最初の日曜日に夏時間から冬時間に変わって、昼が短くなることも影響しているのだろう。幸せな家庭があって、このシーズンを楽しみにしている娘もいる。家族のために部屋を飾ったり、パーティを開いたり、プレゼントのショッピングに出かけたり、クリスマス・イブには3人でディナーにも出かけるし、クリスマスの日は、ランスとサンディの家のディナーに招待される。それでも心の深いところに寂寞感が沈んでいる。

どんなにこの国の催し物を祝っても、これは私の文化じゃないという疎外感が心の片隅にあるのかもしれない。遠く国を離れて、日本にいたころと同じようにお正月を祝うことができないという静かな悲しみもあるのかもしれない。

決まって目に浮かぶ光景は、仲間たちと囲んだ鍋、一緒に歌を歌った光景。冬の札幌は雪が積もってとても寒い。20年以上カリフォルニアで暮らしている私には、越えられそうもない寒くて長い冬。カリフォルニアのオレンジ色の太陽を浴びて過ごす冬のほうが楽に決まっている。けれど、目に浮かぶ懐かしい光景は、毛糸の帽子と手袋、分厚いコートにブーツを履いて、白い息を吐きながら、友達が待つ居酒屋へ急ぎ足で歩いて行った光景なのだ。

ホリデーブルースの解決法の一つとして、ボランティアで募金活動に参加したり、ホームレスのキッチンでディナーをサービスするのを手伝ったりするのもいいと、新聞などで提案している。

ソノマの町では、コミュニティセンターで3時から、土地のレストランや食料品店やワイナリーから寄付されたものを並べて、クリスマスディナーの夕べが開催される。もちろん、地元の多くのボランティアが活躍する。私もいつかボランティアをしてみたいと思っている。

その話を聞いたときに、もしかして金銭的な事情でクリスマスディナーを食べられない人たちのため？と聞いたら、「オー、ノー、エブリボディ（そうじゃないのよ。みんなよ）」と言った。

一人暮らしの人、家族が遠く離れて一緒にクリスマスを祝えない人、自分たち家族だけではなくて、いろんな人たちとこの日を分かち合いたい人たち、すべてが歓待されるのだと言う。この町のリベラルなセンスが嬉しい。

町外れの病院近くの角に哀しい物語を秘めた家がある。クリスマスの季節以外はこの辺りの家がそうであるように、中産階級のこぎれいな家だけれど、特別に目を惹く家ではない。

その家の庭がクリスマスのころになるとそれは明るく華やかに電飾されて、まるでおとぎの国に変わる。毎年娘と感嘆しながら車で通り過ぎるのだけれど「何か哀しいウエーブが感じられるわね」と話していた。

ある年に軒に飾ってある標識に「アンディの思い出のために」と書いてあることに気が付いた。ある人から話を聞いてその訳がわかった。

もう15年前になるだろうか、感謝祭の日の新聞記事を私も読んで覚えている。まだ18歳だった女の子が20歳の恋人が運転する車に同乗していて、酔っ払い運転で木に衝突して男性は命を取り留めたけれども、女の子は即死だった。その子は一人娘だった。ご両親の悲しみと絶望感を思って鳥肌が立った。

事故の後、女の子（アンディ）のお母さんは仕事を辞めて、十代の子供たちが夜遅くに家に帰るときに、車が必要なら質問は一切なしで電話が来れば送り届けるというボランティアの送迎サービスを始めたという。その女の子の家なのだった。

今年のクリスマスシーズンも、それはそれは明るくてきれいな電飾が飾られている。通るときに「お母さん、今年もがんばりましたね」と心の中で会ったこともない母親にねぎらいの言葉をかける。

今年も、ちょっと心に憂いを抱いて、それでも友人家族が寄り添って過ごすクリスマスを迎える。

＊ホリデーシーズンとコマーシャル

感謝祭が終わるとラジオもテレビも雑誌も新聞も町並みも一気にクリスマスシーズン（ホリデーシーズン）に突入する。要するにいかにして消費者の気持ちを高ぶらせてたくさんプレゼントを買わせようかということなのだ。高価なプレゼントを買う人がたくさんいるのだろう。

ここ数年、見るたびに頭に来る同じコマーシャルがこれでもかと、テレビのどのチャンネルでも流される。1つは毎年同じ曲で（曲を聴くだけでテレビの画面を見なくてもわかる）ダイヤモンドのコマーシャルだ。

「ダイヤモンドは永遠」という言葉で、出てくる役者は最初のころは白人、最近はアフリカン・アメリカンで（来年はアジア人かもしれない）ハピーカップルがダイヤモンドの入った小箱を開けてはっと驚き、嬉しさを妻のほうが顔全体で表現してハグかキスをするというやつだ。

もう1つはトヨタのレクサスのコマーシャル。その年によって少しずつストーリーを変えているけれど、変わらないのは外に大きな赤いリボンをつけたレクサスがあるのを妻が（最近は親子だったりしてるけれど、まだ白人の役者だけ）見てアッと息を呑むというやつだ。

この2つのプレゼントは絶対に私はもらえないことが100%確実なので、見るたびにムカッと来る。今年は相棒に、一緒にテレビを見ているときに、このどちらかのコマーシャルが流れたら、素早くチャンネルを変えるようにと命じてある。時にはチャンネルを変えても同じコマーシャルが流れているときもある（ため息）。

オバマが大統領になってから、アフリカン・アメリカンが出るコマーシャルが多くなった。それにしてもコマーシャルにアジア人が出てくるのは、以前に比べると多少見るようになったけれど、まだまだ少ない。

＊ライト・オブ・レメンブランス

ひどく寒い夜だった。この年はソノマに住んで以来の最も寒い冬。その上、みぞれがぽとぽとと空から落ちてくる。曇り空が暗くなりだした夜7時、200人ほどが集まっている。冬でもオーバーコートを着る日はめったにないこの土地なのに、人々は手袋、防寒服に身を固めている。それでも寒そうに体をちぢめながら静かにグループごとに会話をする声がくぐもって聞こえてくる。静かなざわめき。

町のホスピスが主催する行事に参加する人たちが集まっているのだ。亡くなった家族友人親類を偲んで町のプラザにある公園の南西角に立つ大きな松ノ木に電飾を灯す儀式。今年で24年目を迎えた。温かいアップルサイダーが振る舞われた。初老の女性が「ポットに触っていると暖かいから、この役割をボランティアとして申し出たのよ」と笑いながらアップルサイダーを紙コップに注いでくれた。開催を待って芝生に立っていると湿った草から寒さが立ち上がってくる。

ようやく式が始まった。町のボランティアのコーラスが歌い始めたのだけれど、寒さでうまく声が出ないようだった。太い毛糸で編んだ帽子にふわふわした毛皮のコートの女性が私の目の前に、黒いコートを羽織った男性が私の横に立っている。背の低い私は目の前の毛皮のコートしか見えない。下を向いて寒さをこらえながらスピーチの声に意識を集中する。横の男性はよほど寒いらしく震えながら右へ左へと大きな体を揺するので気が散っていらいら。

カトリック教会の神父さんが説教を始めた。イタリア人らしい。ロサンゼルスへ行ったときの話をしてくれた。ハリウッドの近くのホテルに3泊したときのこと。滞在中は近くの小さなカフェで、毎日朝食をとっていた。2日目の朝、いつも神父さんが座る場所に若いカップルが座っていた。そこで席を探していると、ホームレスの男性がやってきた。ポケットから有り金を出してコーヒーとクロワッサンを買って、席を探し始めた。

すると若いカップルが「もうすぐ食べ終わるからここへ座ったらいいよ」とホームレスの男性に声をかけた。そしたら向かい側の席の男性が「これもどうぞ」と言ってロサンゼルス紙を渡した。

ホームレスの男性は「サンキュー！　サンキュー！」と数度繰り返して、それから「ライフ・イズ・ビューティフル（人生は美しい）」とまた数度繰り返した。その言葉は純粋で何の皮肉も感じられなかったという。亡くなった方を偲ぶと同時に生きている自分たちも毎日を充実して生きるようにというのが神父さんのメッセージだった。歌が好きらしくレイ・チャールズのI believe to my soulの歌詞を朗読して話を終えた。

参加者全員にキャンドルが手渡され始めた。私は傍観者なので、キャンドルを受け取るのは非常識と後ろに移動。すると少し離れた場所にいた南アメリカ出身らしいカップルの男性がわざわざキャンドルを取りに行って私に手渡して、自分のキャンドルから灯りを灯してくれた。その瞬間に大きな松ノ木に付けられていた数百という電飾に灯りが灯った。

キャンドルの灯りを手で風から守りながら、それぞれのグループがあちこちに集まっている。あるグループからは啜り泣きが聞こえてくる。私の弟は7年前に亡くなった。7年前にこの儀式に参加していたら、声を出して泣いただろう。この灯りはホリデーシーズンの間、灯される。

1月中旬に仕事で東京へ行った。ミッドタウンはブルー、ピンク、白の電飾が木々に灯されていた。この電飾はキリスト教とは何の関係もなく純粋に商業作戦だ。何も意味がないと言えば、ない。でも寒い冬空に色とりどりの灯りが灯るのは楽しい。冬の灯りの祭り。

— ワインカントリーの日々 —

4月の霜とブドウ畑

町へ出るのにパルアルトと名付けられたブドウ畑を眺めながら車を走らせる。剪定作業が終わった短い枝に小さな蕾が見える。この小さな小さな蕾が陽気に誘われておずおずと葉を出し始めるこの季節。夜になると気温が急に落ちて霜が降りることがある。霜予報がでると栽培農家の人たちは寝ずに気温をチェックして、霜が降りそうだとなるとスプリンクラーをオンにする。日本のお茶畑でも同じと聞いた。

カリフォルニアは乾季である夏は雨が降らないから、土が乾燥してしまう。ブドウ樹に水をあげるときはスプリンクラーではなくて、ドリップイリゲーションというシステムで、畑のブドウ樹に沿って設置してある管の穴からブドウ樹の辺りにぽとりぽとりと水分を落としていく。スプリンクラーは霜防止に使われるのだ。シュパーとスプリンクラーから水霧が吹き出てブドウ畑を覆う場面に出くわすと、まるで宇宙にいるような気分になる。

なぜスプリンクラーが霜よけになるかというと、蕾を覆うように付いた水滴が凍って、氷の周りの温度が上がるので芽が凍えないということなのだそうだ。

ずいぶん前にキエナ・リーヴスが主役の「雲の中を歩くWalk in the cloud」という映画があった。その中で、霜よけに畑の周りに設置した筒に火を燃やし、女性たちが羽みたいなのを背中につけて扇のように空気を動かしながら歩くというシーンを見た。

あまりにも非現実的で笑いながら見たけれど、スプリンクラーがない時代、あるいは設置していない畑は、タイヤを燃やしたり、筒状の煙突状のストーブをずらりと畑の周りに置いて、薪を燃やして温かい空気を送り込んだりしたらしい。

その後は大型扇風機みたいな大きなプロペラの付いたタワーを畑に設置して上空の温かい空気と地面の冷たい空気を混ぜて、霜防止をした。今は公害問題になってしまうから薪やタイヤを燃やすことはしない。大型扇風機はスプリンクラーに取り替えられている。

ソノマは4月15日を過ぎると、霜の心配がなくなるとされているが、いつの時代も農作物（ブドウも含めて）を栽培する人々は自然との闘いを強いられる。

霜にやられることがないようにと祈りながら、畑のそばを通過する。このブドウ畑は今から15年ほど前までは放牧場だった。春になると子牛が心もとなさそうに親牛の後ろにくっついていたものだ。「あれがヴィール（子牛の肉）よ」とわざと娘に言う。「マミーの意地悪！　グランマが私だけに作ってくれるヴィールのシチュウ、それを喜んで食べていた私は残酷な子供ってことになるでしょう！」。娘が顔をしかめる。

小さな牛たちがかけっこしているのを見て、牛が走ることもあるのねと娘と微笑みあった日もあった。

ある年の夏の日に、大勢の牛の中に1頭だけ馬が混じっていた。牛の群れには馴染めないらしく、いつも道路淵の柵の柱を齧っている。白と茶色の斑点が入ったきれいな馬だった。齧り方がやけっぱちという感じで微笑ましくもあり、可哀想でもあった。
ある日、その馬がいなくなった。牛たちも消えた。そして大型トラクターが土煙を上げて地ならしを始めた。地元のワイナリー、ケンウッドがこの土地を買い取ってブドウ畑に開墾し始めたのだった。オーガニック栽培でブドウを栽培するというので、この近辺に住む私たちにとって朗報だった。ブドウ畑が完成して、毎日、広大な畑を眺めながら娘を学校へ連れて行き、そして今は町へ出るためにブドウ樹たちの季節ごとに成長していく様子を楽しんでいる。

4月になって、初夏といっていいほど気温が上がったかと思うと、冬に逆戻り。今年の異常な天候がどこへ行っても話題になる。

スーパーのレジで並んでいるとき、「春になるの？　それとも冬に逆戻りかい？　どっちかに決めてよっていう感じだよね」と1人が後ろのお客さんに話したら、並んでいるお客さん全員が頭を縦に振った。今年のブドウがどんな風に生長してくれるのか気になる。

サミー

これまでの人生で初めて飼った犬がサミーだった。10年間、我が家の一員として暮らしたサミーは夏の盛りにあの世へと旅立った。

道沿いに咲く白い花からそこはかとなく石鹸の香りが漂う週日の朝、明るくて穏やかな陽を浴びながら散歩をする。我が家へ通じる道は、片方がゴルフコース、片側がブドウ畑と、カントリー情緒が豊かなので、週末になると、この道の始まるところに車を止めて、家族や友人などが散歩を、ジョガーたちがジョギングを楽しむ道でもある。

右目の周りは白、左目の周りは黒い犬が、家の塀から抜け出たらしく、自由を楽しんでるよといわんばかりに尻尾をぴんとあげて嬉しそうに走っている。家の人たちは心配してるだろうに。その姿を見てたら、我が家の垣根を破って、1人でよく散歩に出たサミーを思い出した。サミーが死んで、もう何年になるのだろうか。つい最近のような気もするし、ずうっと何年も何年も前だったような気もする。

ジョギングしている男性に付いて、るんるんして走っているサミーを見つけて、電話をくれた親切な女性がいた。サミーが無事なことを知って、安堵したのはいいけれど、その親切な女性が「太っちょのゴールデンリトリーバー」と言ったのに気を悪くした娘を見て、思わず笑ってしまった。

塀のどこかに抜け道を見つけたり、せっせと塀の下の土に穴を掘って逃げるサミー。そこを埋めると、また次の逃げ道を見つけて抜け出すサミー。相棒とサミーのいたちごっこ。

裏庭のプールの自動洗浄器が、毎朝、プールの底を這い回り、水をぴゅーっと吐き出す。サミーは飽きることなく、ワンワンと吠えながら尻尾を振って、その器具を追いかけ、プールの周りを走り回っていた。器具が水をぴゅーっと吐き出すと、サミーの顔にぴゅーっとかかる。顔をしかめてブルブルっと水を払い落として、懲りもせずにまた追いかける。また水がぴゅー。それを眺めて笑いこけた私。

まだ娘が幼かったころ、泳いでいる娘を見ると、プールに飛び込んで、娘を助けようとした。それは娘にとってとても危険なので、サミーはプールに入ってはいけないことになった。ちゃんと言うことを聞くサミーは誰もいないプールでも中に入っていかなかった。

自分のことを、犬ではなくて人間と思っていたのかもしれない。久しぶりに大学から帰省した娘とキッチンで話してたら、そばに来て、まるで会話に加わっているかのように、娘との話の合間にワンワンと合いの手を入れるのだ。

町に連れて行って、カフェの歩道に並べてある椅子に座って、カプチーノを飲みながら、道行く人を一緒に眺めていたときのこと。通り過ぎる人、みんながサミーに話しかけるものと信じていたようで、無視して通り過ぎる人がいるとくんくんって哀しそうに鼻を鳴らして、どうして？という表情で私を見たっけ。

ある時期から夕方になるとキッチンの床に横たわって、哀しそうな表情で眠っているのに気が付いた。鼻が乾いている。すっかり私たちを信じているから、乾いた鼻に触ってても嫌がらずにおとなしく触らせてくれる。

半年もたっただろうか。突然、あれほど何でも食べていたサミーがぴたっと食べるのをやめた。獣医さんに連れて行ったら、隣町の専門医を紹介してあげるから、そこへ行くようにといわれた。娘は中国へ、相棒はヨーロッパへ行っていたので私1人だけだった。サミーを車に乗せて、隣町の動物病院まで心細く思いながら連れて行った。

ブロンドの髪を肩までのばしているきれいな女医さんだった。いろんな検査をしてすい臓がんと診断。手術しても治る保証はないといわれた。哀しさで涙が出てきた私を、私のひざに顔をのせたサミーが心配そうに見上げる。

女医さんが「ゴールデンリトリーバーは大きなハートを持っているのよ。だから自分のことではなくてあなたのことを心配しています」と説明してくれた。そしてあと1週間ほどの命だから、痛みを止める注射をしてあげてねと言う。

「病院まで通うのは大変だから、貴方に注射の仕方を教えます。水を入れた注射器で練習してみてください。1人では無理だから、誰かもう1人にサミーを抑えていてもらって打つようにするといいですよ」

「サミー、これから痛み止めの注射をするからね」と言ったら、もう1人の手伝いなんか必要なく、黙って首の柔らかなところに注射させてくれた。

女医さんは、「注射が上手ね。アシスタントなしで、注射ができるなんて。貴方を雇いたいわ」と言ってくれたけれど、私の注射の仕方が良かったというよりも、サミーが私を本当に信用していたのだと思う。

「サミーが痛みに耐えられないようになったら、また連れて来てください。注射で永遠に眠らせましょう」

「サミー。もうだめだと思ったら、ちゃんと教えてね」

女医さんが「大丈夫ですよ。あなたにはその時期が来たらわかりますから」と言った。

そして死後はどうしますかと聞いた。「火葬して灰を裏庭に埋めてお墓を作ります」と言ったら、その女医さんの瞳から涙があふれた。

「私も仏教徒です。アメリカ人は、ペットの死後はかかわりたくないから、病院で処理してほしいという方が多いんですよ。お墓を作ると聞いてとっても嬉しいです」と言ってくれた。

家に帰って、毎日きちんと注射をした。素直におとなしく注射をさせてくれた。サミーとの最後の思い出を作るためにいつも行くカフェにタッパーに水を入れて、サミーの好きなドッグクッキーを持って出かけた。美味しそうにクッキーを食べてごくごくと水を飲んだ。車の窓から外を眺めるのが大好きなサミーは、食い入るように外を眺めていた。家に着いても車から降りたくないとがんばるので、降ろすのに苦労した。

その日、我が家では大きなパーティがあった。人ごみを掻き分けては、べたべたのよだれを流しながら私の後を付いて回っていた。寝る前に「また明日ね、お休み」と頭をなでた。いつものようにソフトで滑らかな毛ではなくて、ごわごわしていたのが気になった。その夜が生きているサミーとのお別れだった。

翌朝、数日前にヨーロッパから帰っていた相棒に、サミーは？と聞いたら、今朝早くに死んだよと言った。私を起こさずに1人で相棒はサミーの死体を清めて毛布にくるんで、私が起きるのを待っていてくれたのだった。

サミーはいつも寝ているところではなくて、めったに行かない相棒のオフィスに行き、タイル張りのバスルームでこと切れていたそうだ。私たちに病院に連れて行って注射で眠らせるという辛い決心をさせずに、1人で静かにこの世を去った。

サミーのお墓は裏庭にある。銅で作ったゴールデンリトリーバーの像を立てた。塀の向こうは羊とラマーの放牧場だ。お天気の良い日は10頭くらいの羊と1頭のラマーがお墓の塀の向こう側にぐるっと輪を作って寝そべっている。もしかしたら、彼たちは通じ合っているのかもしれない。

サミーの死後、1年間、私はサミーと散歩した道を1人で散歩できなかった。ようやくその道を歩けるかなと思うようになって、散歩に出かけた。そうしたらサミーが私の周りを嬉しそうに尻尾を振りながらくるくる回っているような気がして、美しい景色を楽しみながら散歩ができるようになった。

その年、富有柿がたくさん実った。サミーのお墓のすぐそばにある。数日前に雨が降ったので、ブドウの収穫と同じ感覚で、柿が吸った水分をある程度蒸発させてからと思い、翌日摘むことにした。

次の朝、柿の木を窓から見たら、きれいなオレンジ色に飾られていた柿の木なのに、そのオレンジ色が見えない。何でかなと思って見に行ったら、ほんの数個を除いて全部きれいに消えている。一瞬、何がどうなったのかわからなかった。

木のてっぺんを見上げると小さな茶色の鳥がピーっと鳴いて、アンタ誰という顔で私を見ている。

そう、鳥たちが理想的に熟した柿を全部、きれいに平らげていたのだ。それで気が付いた。サミーは何にも役に立たないと、相棒は言っていたけれど、鳥がやってくると吼えて追い払って、ちゃんと柿を守っていてくれたのだ。

いまだに、我が家で次の犬を飼う決心が付かない。この次に飼う犬も絶対にゴールデンリトリーバーだと相棒は言う。

新生動物出現

「最近、ソノマ・マウンテンに新しい動物が出現してるよ。その数は増えるばかりさ。今日もたくさん見たよ」と相棒が言う。何のことはない、マウンテン・バイカー（山をサイクリングする人？）のことだ。

その当時、相棒はローレル・グレンの醸造家をしていた。私は、何かの用事があってローレル・グレンに行くために、グレン・エレンという小さな村を通り抜ける道を車で走っていた。

すると、平べったいサイクリング用のヘルメットを被り（ヘルメット着用が義務付けられている）、光沢のある原色のサイクリング服の背中に「要注意」と書いてある大きなパッチを付けて、ぴったりフィットしたサイクリング・パンツに身を固めた一団が颯爽とペダルを踏んでいるのに出会った。

全員、筋肉が引き締まっている。「サイクリングする人たちって、細くて均整が取れてるなあ。みんな若いんだろうなあ」なんて思いながら、反対車線に車がないことを確認して、ほとんど反対車線に入ってスピードを落として一団を通り越した。

ワイナリーからの帰り道、車の私は下り坂、向こうから新生動物の一団が急勾配の上り坂を、頭を振りながらえっちらおっちらペダルを踏みながら登ってくる。近づくとこの一団は、私の年齢に近い男女半々のグループだった。真っ赤な顔をして自転車を押して登ってくる女性も数人いる。「こんなはずじゃなかった」と顔に書いてある。

車のウインドウを開けて「がんばって！」と声をかけそうになったのを思いとどまった。「自転車をこいで登ろうが、押して登ろうが私の勝手でしょ！」と私なら言うかもしれないと思ったからだ。

美しいブドウ畑が続く平らな道を走るだけでは飽きたらなくて、自転車で山登り?をするのが、流行っているようだ。それも若い人だけではなくて、中年男女も挑戦している。

マヤカマス山を越えてソノマからナパへ行く道がある。山頂にあるソノマとナパの境界線を通過し、ナパ・ヴァレーの広大なブドウ畑とその向こうにあるバカ山を見下ろしながら、曲がりくねった急な坂道をブレーキをかけたりはずしたりしながら下りていくと、ここでも新生動物に出会った。

腰を浮かして一生懸命にペダルを踏んでいる人、肩で息をしながら自転車を押している人、「ご苦労さま」とつぶやいてみる。コースを走り終えたときの気分はさぞかし爽快なのだろうなあ。

私は子供のころに、自転車に乗っていて下り坂で、だあっとスピードが出たときに怖くなって自転車から飛び降りて溝（下水道！）に着地したことがある。そのトラウマがまだ残っているので、このスポーツは挑戦してみたいと思わない。

でも自転車での移動は車の排気ガス減少に役に立つし、健康にもいいレクレーションだと思う。今年も新生動物に出会う季節がやってきた。

ファーマーズ・マーケット

*ソノマの夏の風物詩

8月初めの火曜日、サンフランシスコから遊びに来ていた娘とファーマーズ・マーケットへ行くことにした。朝は霧がかかって薄ら寒く、お昼近くになると青空が見えて気温が28度に上がるという、この地区特有の気候パターンの一日が終わり、ソノマ山の後ろに大きなオレンジ色の夕日が隠れようとするころ、ジャケットを持って家を出る。

まだ日中の暑さが残っているからと、ジャケットを持たずに家を出ると、日が沈んで気温がぐんと下がって、寒さに震えることになる。この極端な気温の差に体が慣れるまで、時間がかかった。

日本のように日夜の気温の差が少なく、湿度が高い国から来ると、空気が乾燥して夜になると底冷えする気候パターンは体にこたえる。日中が暑くても、夜の外出にはジャケットが手放せない。

しかし、ひと夏に数夜、気温が下がらず暑くもなく寒くもない心地よい夜がある。そんな夜は浴衣を来て夏祭りの夜店を冷やかして歩いた札幌の夜を思い出す。

たまたまそういう夜に友人たちをディナーに招いていたら、日が沈むと数本のキャンドルを灯して、澄んだ夜空一杯にちりばめられた星を眺めながら、10時ころまで、ワイングラス片手に話し込むことになる。

ファーマーズ・マーケットは、5月の第1火曜日から10月最後の火曜日まで、17時30分に始まり日が沈むまで、ソノマの町の中心地プラザの市役所前広場で開かれる。そこは石造りの市役所を中心に公園があって、公園を四角く囲んで町並みが形成されている。町の人たちはここをプラザとかダウンタウンと呼ぶ。プラザに並ぶスペイン系の建物は文化財に指定されているので、外観を変えることはできない。

新鮮な野菜や果物、花を買いに町の人々がファーマーズ・マーケットにやってくる。公園で知人たちと会うのを毎週の予定にしている人々、ここで待ち合わせる若者たちで賑わう。自転車にひまわりのブーケを積んで家路を急ぐ女性が目に入った。素敵だな。夏は真っ盛り。町は華やかさを帯びている。心が弾む。

黄色、紫、赤のパプリカが美味しそうに並ぶブース、ひまわりの花束が鮮やかなブース。地元で取れた蜂蜜を売るブース。チーズ、パンを売るブース。オリーブオイル。手作りのジュエリーアクセサリーを売っている女性。手作りのハンドバッグ（手提げ?）、ハンドクラフトの石鹸、店の数はそれほど多くないので、どこで何が売られているか、数回行くと覚えてしまう。

夕食をかねて芝生にブランケットを広げたり、ピクニックテーブルと椅子を置いて家族や友人たちが楽しそうに歓談している。ここはワインカントリー、もちろんワインのボトルが欠かせない。

でもキリスト教の国。ワインカントリーのど真ん中なのに、公園でアルコール飲料（ワインを含む）を飲むことを禁じている町も多い。ソノマは公園でワインを呑みながらピクニックを楽しむことを認めている数少ない町だ。食べ物持参のグループ、ブースで買ったものを広げる人たちとさまざま。

若者たちはコーンドッグのブースとジェラトのブースに長い列を作っている。私がよく行くタイ料理のレストランもブースを出していた。パスタ、ジャンバラア&ガンボー（ニューオリンズの料理）、ジョニーガーリック、オイスターのバーベキュー、タマリ（とうもろこしの粉にチキン等を入れて、とうもろこし皮で包み蒸したメキシコ料理）&セビチェ（白身の魚のライム漬けメキシコ料理）といろんなブースが出ているので、食べ物を持参しなくても楽しい夕食ができる。

良い写真になるシーンを探してきょろきょろしながら歩いている私の周りを、人々はさりげなくよけながら、ゆったりとした表情で歩いていく。

「これがサンフランシスコなら、ママは邪魔だとばかりにはじき飛ばされてるかもね」と娘。

きれいにお化粧した中学生の女子生徒と、サッカーボールを抱えて、なんとなく浮わついている男子生徒の一群が市役所の後ろに固まっている。前庭のバラ公園の周辺と、噴水の近くに15人ほどの高校生の別グループが固まっている。

ヒッピーは公園の東側の角に陣取ってマリファナを吸っている。若者が自由に遊べる場所がない小さな町なので、人が集まるこの日は心が浮かれるのだろう。

ヒッピーたちの一群の少し横に、若い女性のグループがいた。その一人が娘の名前を呼んだ。中学時代のクラスメートだった。とても美しい少女で、叔父がモデル関係の知人を知っているのでモデルになると言っていたのだけれど、その様子を見ると、モデルとしては成功しなかったようだ。

スケートボードに乗って数メートル行ったかと思うと、戻ってくるというのを繰り返している男の子を指差してボーイフレンドだと言った。マリファナを吸ったらしい知人夫妻の息子がふらーっと歩いていくのが目に入る。マリファナは禁止されているのだけれど、日本のように厳しく取り締まっていないので、目に付かないように吸っているのだ。

大人になってもこの町を離れない数人の若者たちと出会い友達になった。道産子の私は「若者よ、大志を抱け」を当然のこととして生きてきたけれど、この町を離れない若者たちは、そういう大志はない。この町で退屈ではあるけれども幸せに暮らしている。

キャリアを築こうとする若者たちを採用する職場はほぼないから、ほとんどの若者はこの町を出る。ソノマで働こうとする若者の仕事といえばサービス業がほとんど。後は醸造家になるかワイナリーで働くかだ。この町で育って、何処へも行かずに暮らしている若者たちは大志はないけれど、おおらかで優しい。ゴールを持って、競争社会にのめりこんで、ぎすぎすして暮らすのが必ずしもベストの人生ではないのかもしれない。

＊日が暮れて

日が沈んで辺りが薄暗くなる8時30分ごろ（カリフォルニアは夏時間システムを使っているので、9時ごろまで明るい）店じまいが始まる。

プラザに集まっている人たちの移動が始まる。選択数は限られている。公園の道を挟んで北向かいにあるスイスホテルか、歩いて5分ほどの小路にあるマーフィー・パブに行く人が圧倒的に多い。

カリフォルニアは21歳にならないとアルコール飲料を飲めないので、法律的に飲んじゃいけない年齢の若者たちは、暗くなっても公園で奇声をあげて騒いでいる。缶ビール一つ飲んじゃいけない17歳が、兵隊に志願して戦場へ行くのはオーケー（両親の承諾が必要ではあるけれど）という矛盾に、私は頭をかしげる。

公園に面しているスイスホテルのバーのテラスは熟年が陣取って道行く人々を眺めながら、夕暮れを楽しんでいる。スイスホテルは長い歴史を誇る建物で、ホテルのバーは１００年を超える歴史を持つ。

薄暗いバーの壁には長い歴史を示す写真や絵がびっしりと飾られている。

グラレフィーと呼ばれるこの店にしかないカクテルがある。レシピーは、このバーを代々所有している人以外、誰も知らない。コーヒーとリキュールの味がしてほろりとした甘味があって生クリームがちょっとだけのっている冷たい飲み物。デザートに飲むのが好きだけれど、たまには3時のおやつ風に飲んで見るのも悪くない。

この夜は家で相棒がディナーを用意してくれているので、娘と2人でスパークリングワインを1杯ずつ飲んだ。

マーフィー・パブは元市長夫妻がオープンした店。彼らはパブを開くのが長年の夢だった。今は退職して他の人が経営していると聞いた。石畳の小道を入ったところにある。公園でのピクニックをスキップした元若者たちが夕食とビールを楽しんでいる。

元若者がパブやバーにいる間は、現役の青年たちはやってこない。熟年層が家路を急ぐころ、スイスホテルのバーとマーフィー・パブにやってくる。

大きな町なら各年齢層が行く場所がたくさんあるけれど、この町ではそういう贅沢は言ってられない。数少ない行き場所を摩擦することなくシェアーしているのだ。週によって、どちらのバーが混むかはわからない。携帯で連絡を取り合って、イナゴの集団のように集まってくるのだそうだ。

この2店は10時に閉店。次の行き場所はスクエアーとスタイナーズというバーだ。このバーは飲み物だけで食べ物は出していない。

スタイナーズは一日中混んでいる。日中は80代の元若者だった紳士たちがここで待ち合わせをしてビールを楽しむ。90歳の紳士は毎週、タクシーでやってくるという。

夜になると世代交代で現役の若者たちがやってくる。午前1時の閉店時間になると、警察官たちがこのバーのあたりにやってくる。酔払い運転の取り締まりだ。サンフランシスコなどの都会は犯罪が多いから、酔払い運転を優先して取り締まっている時間がない。ソノマは平和な町だから警察官たちは時間がたっぷりある。若者と血気盛んなおまわりさんとの駆け引きが繰り広げられるのだとか。

翌朝、熟年層は、新鮮な野菜やフルーツの朝食を楽しむ。若者は二日酔いの頭痛に顔をしかめながら1日が始まる。

ブドウの収穫期

＊ブドウのサンプリング

２００９年の夏は猛暑がやってくることもなく、比較的涼しい日々が続いて、ブドウがゆっくりと熟していった。白ワイン用のブドウは硬い緑色から透き通るような緑、そして黄金色へ、赤ワイン用の黒ブドウは緑色から薄紫に、そして濃い紫色になっていた。

この時期になると醸造家も栽培家も、ブドウ畑を頻繁に歩き回る。その年に自然の神が与えてくれた天候の下で、順調に育ったブドウを最高の状態で摘むのが良いワインを造るのにとても大切だからだ。

10月初旬に、サンプリングに一緒に歩かせてもらうために、相棒が醸造家を務めるローレル・グレン・ワイナリーを訪れた。熟し始めたブドウをいつ摘むのがベストかを決めるために、ブドウ畑を歩き回ってブドウの粒を集め粒を噛んでみる作業を、サンプリングと呼んでいる。

この日の夕方、ヴィンヤード・マネージャー（ブドウ畑の管理責任者）のバレンテと相棒の2人と木造の納屋のようなワイナリーの前で落ち合うことになっていた。ローレル・グレンは少量のカベルネ・ソーヴィニヨンだけを造る小さなワイナリーだ。

バレンテと相棒が用意を整えて待っていた。ワイナリーの後方にソノマ山の頂上がかぶさるように見える。その向こうは太平洋だ。3人で畑へ向かって歩き始める。冷気が含まれた風が秋の気配を感じさせる。3人の足音、小鳥が上げるピーッという声、風に吹かれてブドウの葉が触れ合うかさかさという音。それ以外は何も聞こえない。静寂で明るいブドウ畑。黒味を帯びた紫色のブドウの房がふくよかに実っている。

白く光り輝いていた日中の日差しが優しいオレンジ色の光に変わり、ところどころが赤や黄色に変わったブドウ樹の葉に穏やかに降り注いでいる。2人は、このところ毎日、サンプリングを行っている。2、3本のブドウ樹ごとに、無差別に1粒ずつ摘み取って冷凍用のビニール袋（16・5㎝×14・

9㎝）に入れていく。摘み取るブドウが偏らないようにブドウ畑全体を歩き回らなければならない。

私は時々、房から1粒を摘み取って口に入れて噛んでみる。畑の場所によって、それから1本のブドウ樹でも陽のあたり具合によって、甘さと酸味、ブドウの味が微妙にそして確かに違う。2人はブドウの粒を口に入れて、軽く噛んで果汁の甘さを確かめて、それから器用に口の中で種と果皮を離し、種だけを手のひらに吐き出して種の色と少しだけ付着している果肉の様子を観察している。種が茶色に変わっているとよく熟したということなのだ。それから口の中に残っている果皮を噛んでタンニンの熟し具合をチェックする。よく熟したブドウ粒の皮は渋みが消えている。

「このブドウ畑で育つブドウの房と粒はとても小さい。粒を噛んでもぴゅっと果汁が出てこない。だから味が凝縮したワインが生まれる」

相棒が次のブドウ樹へ向かって歩きながら言った。この畑のカベルネ・ソーヴィニヨンは、ナパ・ヴァレーのカベルネ・ソーヴィニヨンのように華やかさや豊満さがないかわりに、香りが個性的で味に深みがあってエレガントだ。

「カベルネ・ソーヴィニヨンは温暖な気候が好きなんだ。われわれの畑は、カベルネを育てるのにぎりぎりの土地だね。もう少し山の高いほうへ行くと寒すぎてカベルネはうまく育たないのさ。このワイナリーのカベルネは酸味が豊かなのが特色で、その酸味がワイン全体を引き締めている。そういうカベルネ・ソーヴィニヨンを好む人々が世界中に存在するんだよね」とバレンテが続けた。

15個のビニール袋が一杯になった。これをワイナリーへ持って帰ってシンクがある小さな部屋のカウンターに並べる。

オーナーのパトリックがセラーで待っていた。1袋ずつ、中に入っているブドウを丁寧につぶして果汁だけをグラスに注いで、測定器で糖度、酸度、ペーハーを測定する。それからその果汁をちょっとだけ口に含んで、測定器が出した数字と自分たちの舌で感じた味とを照らし合わせている。それをパトリックが克明にノートに記録していく。

ナパ・ヴァレーにある豪華なワイナリー、例えばオパス・ワンなどでは、自然光が入る科学分析室があって、何人もの分析担当者がいて、そこへ送り込まれてくる多くのサンプルを分析してコンピューターにデーターを入力していく。その記録を見て醸造チームが摘むときを決定する。

この小さなワイナリーでは、パトリックと相棒とバレンテの3人で、分析をして話し合って、いつブドウを摘むかを決めるのだ。

サンプル8とサンプル9の絞った果汁を飲ませてくれた。少し濁っていてグアバジュースのような香りがして、ほろりと甘く上品な味がした。

「サンプル8は糖度が25・2度ブリックスまで上がっているけど、まだ熟した味ではない。もう少し待ったほうがいいと思う」。相棒の意見に他の2人も同感している。

「サンプル9は24・8度ブリックスだ。ここの一画は明後日、もう一度サンプリングをして、納得がいくように熟していたら摘むことにしよう」

3人の話がまとまったようだ。このワイナリーの畑は15のブロックに分けてあり、そのブロックごとにサンプリングを繰り返して、いつ摘むかを決めていくのだ。

ブドウの果汁がワインになっていく過程は科学的に説明されているし、ワイン関係の本に書いてある。でも目の前の薄いピンク色をした濁ったジュースがワインになっていくのだと思うと、これは奇跡だなと、自然を崇拝する気持ちが湧いてきた。

毎年、ブドウの生長を見守り、摘み取ったブドウがワインになっていくのを手助けする。そのワインが20年たって、あるいは30年を経て変わっていくのを見届けることができるのだ。相棒がワイン造りに惹かれる気持ちが具体的にわかったような気がした。

セラーの入り口の壁に、摘んだブドウを入れる小型のプラスチックのボックスが洗浄されて、下向きに積んである。ハーベストの準備完了。ワインを熟成させるための樽が積まれている部屋は、新しい樽が放つ香ばしい上品な杉の香りに満ちている。発酵が終わった赤ん坊のワインたちは、この樽に入れられて熟成していく。心を込めて少量のワインを造っている3人。何年も一緒にワイン造りをしている仲間同士の信頼感と静かな緊張感が、小さな部屋に漂っている。

「ハーベスト中に雨が降らないといいわね」

この時期に雨が降るとブドウがダメージを受ける。

「自然には逆らえないよ。天が与えてくれた恵みを享受してベストのワインを造るのみさ。時には摘み時の妥協を強いられることもあるけど、そういう自然を受け入れられない人は他の仕事を探すべきだね」

相棒が穏やかに言った。

一年でもっともエキサイティングな時がやってきた。

＊ハーベスト

いよいよ収穫が始まった。

明日、ブドウを摘むという。

「私もまたブドウを摘んでみたいな」

「もう前に摘んだからいいんじゃないの」

迷惑そうに言う。

「もう一度摘んでみたいの、行くわ」

私は午前10時ごろにのこのこと出かけていった。ブドウ摘みチームは10人ほどで、朝の7時から摘み始めたそうな。ピッカー（ブドウを摘む人）はみんな若くて私を見るとニコニコしてくれる。

10年前は「オーラ！」と言うだけで、さっと私を抜いて、次の樹からがんがんと房を切り落としていったのを記憶している。みなが若く見えるのは私が年を取ったせいだと悟った。そしてみんなが微笑んでくれるのは、遅くにのこのことやってきたピッカー（私のこと）を対等と見ていないからなのだった。

みんなは素手なのに、母にもらった軍手をはめている私は、いかにも素人っぽくて、彼たちのチームの一員には見えないよね。

ローレル・グレンのブドウを摘むクルーは、ブドウ畑管理人のヴァレンテの出身地である村から、毎年この時期にだけやってくる。一日の摘み取りが終わると、長老を囲んで火をおこし、トルティリャを焼いてメキシコ料理を食べる。そこはメキシコだ。

ローレル・グレンでは、フィールドクラッシュといって、畑で除梗破砕する。小型の除梗破砕機とタンクを引いたトラクターがピッカーと一緒に移動する。小さなボックスが房で一杯になると、トラクターが待機しているところに持っていって、除梗破砕機に入れる。

若い女性が除梗破砕機に入れる前にブドウの房の状態を再度チェックして、レーズン状になったりしている房を跳ね除けている。彼女の手は紫色に染まっていた。

10年ぶりにブドウを摘むのでちょっと怖い気持ち。渡された弓状に曲がったナイフはとてもよく切れる。指を切らないように気を付けながら、房の根元の茎をさっと切って、足元に置いてある箱に入れる。軍手にじゅっと果汁が沁みてくる。

日が差してくると汗が吹き出る。太陽が雲に隠れると汗ばんだ体に風が少し涼しすぎる。というわけで長持ちしなかった。

除梗破砕されたブドウでタンクが一杯になったら、相棒が待機しているセラーへ運ばれてくる。それを発酵タンクに入れて醸造が始まるのだ。早々とセラーへ戻ってきた私に、相棒は思ったとおりという顔で何も言わない。

「ブドウの状態はどう?」

「うん、思ったより糖度が上がっていて、なかなかいい。天候状態が今のまま続いたら、素晴らしいヴィンテージになるかもしれない」

予測したより房の数が多くて、2つある発酵タンクが一杯になってしまった。このタンクの発酵が終わるまでブドウを摘むことができない。

「どこかからタンクを借りてくることはできないの?」

「今日頼んで、明日にタンクが来るっていうほど簡単なことじゃないんだよ」

発酵が終わるのを待っていたら、雨が降った。それも本格的な雨だった。これじゃ、皮が厚くて他のブドウよりは雨に強いと言われるカベルネ・ソーヴィニヨンでも、がんばりきれないかもしれない。新聞は雨後に気温が上がってそれも湿気を含んだ空気が満ちていて、ブドウにカビが付いたと写真入りで書き立てている。

「ブドウは農作物なんだから、自然の影響を受けるのは当たり前。仕方がないよ」と達観している。良い年もあれば、そこそこの年もある。でも1年に1度しか収穫できない。心を込めて手入れをして育てたブドウが、雨でダメージを受けるのは、切ない。

ようやくタンクが空になって、ブドウを摘み終えたのは10月末。2009年のヴィンテージレポートとして、雨の影響が新聞や雑誌に書き立てられるのだろう。

相棒は発酵中のワインのチェックに、毎日ワイナリーへ行く。発酵が終わると圧搾して生まれたてのワインを樽に移して熟成庫で寝かせる。その後もいろいろと作業があるのだけれど、ワインが樽に入れられると、まず一息。ブドウ樹も人間もご苦労様でした。

―― ソノマのメキシコ人 ――

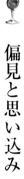

偏見と思い込み

カリフォルニアのワイン産業はメキシコ人なくしては成り立たない。ワイン産業だけではなくて、農産業についても同じことがいえるだろう。今は食産業界にも多くのメキシコ人が働いている。ソノマにも多くのメキシコ人が住んでいる。合法移民、不法移民、英語が流暢でビジネスをしている人、薬剤師、レストランやワイナリーで働いている人、英語はほとんど話せず、メキシコにいるのと同じようにメキシコ人同士だけで暮らしている人たち、いろんなメキシコ人が住んでいる。

カリフォルニアに住むメキシコ人というと、英語が話せない、犯罪、時間にルーズで勤労意欲の低い人たち、貧乏な人たちというイメージがぱっと浮かぶし、そういう風に捉えているアメリカ人も多い。


確かにそういうメキシコ人も少なくない。日本人や中国人をはじめとするアジアからやってきたいくつかの国の移民が、貧乏でも教育が大事と子供に教えてきた文化とは違って、教育に重きを置かないメキシコ移民も多い。でも当たり前のことなのだけれど、すべてのメキシコ人がそうだといえない。いろんな国からやってきた移民が集まって暮らしているのがカリフォルニア。20年以上も暮らしていると、「アメリカ人は」「メキシコ人は」と、一概に言うのは間違っていると知る。誰かに「日本人は」と定義されると、とても不愉快だ。私自身が必ずしもその定義に当てはまらないこともある。

それでも日本という国で育った私は、この民族は、という一般的な定義で物事を判断していることがしばしばある。

家族で話しているときに、緊張感が抜けて、「アメリカ人は」という感じで一般化して話してい て、娘と相棒に、即、それを指摘されて、なるほどなと反省することも少なくない。

日本からやってきた知人がナパ・ヴァレーの北にある小さな町のカフェで、何か軽く食べたいと言ったときのこと。そこはコーヒー専門店でベーグルしかなかった。

そのとき突然冷たい目になって「ユダヤ人が食べるものでしょう?」と言った。もともとユダヤ人が作り上げたものだけれど、今ではカリフォルニアに住む多くの人たちが食べている。

彼はユダヤ人について何を知っているのだろうか? 一般に言われている「ユダヤ人はけちだ」の類なのかなと思う。ユダヤ人でなくてもけちな人はたくさんいる。私の父親なんて、とってもけちだ。

日本からやってきた編集者が、サンフランシスコのホテルに宿泊した。迎えにいったら、その人は銃で撃たれるかもと、真剣にはらはらしていた。テレビで報道されるのはそういう事件だけだから、無理もないけれど、アメリカは危険な国と単純に決めている人を見て、複雑な気持ちだった。

ソノマのダウンタウンからちょっと外れたところに、アグア・カリエンテと呼ばれる地区がある。この近辺を地元の人たちが、リトルメキシコと呼ぶようになった。最近、急にメキシコ住民が多くなったからだ。

それほど広くはない地区にメキシコ料理を出すタコワゴン(屋台?)が4つもある。エル・コヨテ、ロス・マゴス、エル・グラン・タコ、ラ・バンバと名前が付いている。

この地区に住むメキシコ人たちはそれぞれのお気に入りのタコワゴンがあって、お勧めを聞くと違うワゴンの名前が返ってくる。各ワゴンは、所有者の出身地の料理を1、2品加えてあるけれど、基本のメニューは、ほぼ同じ。

どのワゴンで働いている人もカリフォルニアに10年も20年も住んでいると言っていた。でも、たどたどしい英語しか話せない。ワゴンの所有者は正規の移民だけれど、従業員の多くは、多分、不法移民だろう。お客さんのほとんどがメキシコ人で、スペイン語を話したいアメリカ人が少しやってくる。

夜遅くまで外で団欒する習慣があるメキシコ人たちは、夏になると夕涼みをかねて家族連れでやってきて、安物のプラスチックのピクニックテーブルを囲んで夜を過ごす。

電気がこうこうと点いて、お祭りみたいだ。そこはメキシコ。共通しているのはアルコール飲料はどのワゴンも売っていないこと。持ち込みも禁止。酔っ払った人たちが問題を起こすのを避けているのだ。

ロス・マゴスのワゴンの周辺に10代の白人の若者がうろうろしていた。このワゴンの周辺でマリファナを吸ったりされるのはとても迷惑だと、ワゴンを所有しているホゼが嘆く。みんな一生懸命に生きている。

不法移民

アグア・カリエンテにバーキング・ドッグというカフェがある。毎日、早朝から、このカフェの前の歩道にメキシコ人が集まってくる。1日だけの庭仕事、パティオやテラスや塀を作る仕事、建設関係の臨時雇用を求めてやってくる。

ここに来る人たちのほとんどが不法移民だ。ヴェインテ・クアトロ（スペイン語で24という意味）と呼ばれている。その名前の由来は誰も知らない。朝の6時ころからボツボツと集まってきて、歩道に陣取って、労働者を求めてやってくる雇用者を待つ。トラックがやってくるとわっと寄っていく。

ひところは朝の5時から集まっていたらしいけれど、最近は国境の警備が厳しくなって不法入国が困難になったことと、雇う側が不景気のために臨時に雇う経済的余力がなくなっているから、1時間遅くに集まるようになったと聞いた。

ここに集まってくるメキシコ人たちは国境警備員がいない箇所を選んで無事に国境を越えたのだ。命を落とす人たちも多い。

バーキング・ドッグで働くベティも、不法に国境を越えてカリフォルニアにやってきた。メキシコ人というと肌が浅黒い人を思い浮かべるけれど、彼女はとても色が白い。首筋から胸元にかけて血管が透けて見える。

ベティはよく働く。せっせとテーブルを拭いたり、ミルク、ナプキン、シュガーが置いてあるテーブルをきちんと整理したり、いつもくるくると動き回っている。そして彼女が作ってくれるディカフェ・カプチーノはとっても美味しい。

ベティは5人の姉と2人の兄の末っ子だった。25年前に国境を越えた。夫は16歳、ベティは15歳、8カ月になる息子がいた。メキシコでは食べていけなかった。コヨテと呼ばれる手助けをする人にお金を払って国境を越えたのだった。真夜中に1カ所に集まってコヨテの後ろに隠れて走ったり歩いたりして6時間かけて越えた。

33人で越えようとして、一番若かったベテイと夫と息子を含めて、無事に越えたのは5人だけで、後はみんな逮捕された。

「ベビーは泣かなかったの?」

「良い子だった。とてもお腹が空いていたのに泣かなかった」

大家族親類一族がカリフォルニアに不法移民としてやってきて、10年以上もひっそりと不法移民として暮らしている家族も珍しくない。この人たちは最低限度の英語しか話せない。ブドウ畑の作業、家政婦、皿洗いといった仕事をして生計を立てている。

この家族の子供たちは公立の学校へ行く。その中の多くは差別を受けてぐれていくという話も耳にする。若者の一人が「朝、起きたら警察がドアをノックして入ってきて逮捕された夢を見ることもある」、ぽつんと言った。それでもソノマの暮らしのほうがメキシコの暮らしよりもましなのだ。じゃなかったら、帰っている。

命をかけてなぜ国境を越える？　そんなにアメリカという国がすばらしいから？　そうではない。答えは簡単。メキシコの経済状態がひどく悪くて食べていけないからだ。家族のために働きにやってくるのだ。そして仕送りをする。

２００８年のメキシコ銀行の発表によると、アメリカからこの人たちが祖国メキシコへ送金した金額は、半年で１１６億ドルを超えているという。ワイン産業、農産業、ファーストフッド業界、ホテルのハウスサービスは、メキシコ人によって支えられている。

メキシコ人にインタビュー

ある日、私は早起きしてヴェインテ・クアトロの様子を見に行った。建築家を目指して勉強しているマルコが快く通訳を引き受けてくれた。

マルコはメキシコで生まれて、15歳のときに家族でソノマへ越して来た。マルコの父親が子供の教育のために家族を引き連れて、正規の移民としてソノマへやってきたのだ。

お兄さんとお姉さんと弟がいる。家族はソノマで肉屋さんを経営している。家族全員英語もスペイン語も話す。マルコは高校へ通っていたころ、英語を学びながら授業を受けるので、疲れて頭が痛くなったという。

歩道に集まっているメキシコ人たちのところへ、マルコと2人で向かった。労働者を探してるのかい？　どっと10人くらいが私と通訳のマルコを囲んだ。

マルコが長老風の男性に私が話をしたい旨を説明する。長老の表情が険しくなった。じっと突き刺すような目で私を見て遠くへ行ってしまった。すると他の人たちもすうっと離れていく。

通訳氏ががんばってくれて、男性3人が応じてくれた。後の人は遠巻きにしてじっと見ている。

メキシコのどこからきたの？　家族も一緒？　なぜソノマに来たの？　メキシコではどんな仕事をしてたの？　ソノマでどんな仕事を探してるの？　なぜレストランやヴィンヤードで働かないで、ここで仕事を待ってるの？　いつかメキシコへ帰る予定？　あなたにとってベストの未来はソノマ？　それともメキシコ？　通訳を通して質問を投げかけてみた。

もうソノマに7年住んでる人。4年、6年と、思ったよりも長くソノマに住んでいるので驚いた。移動しないのだ。

メキシコでは畑仕事、工事関係の仕事をしていた人が多い。ソノマでもそういう仕事を探しているけれど、もちろんどんな仕事でも引き受ける。レストランやヴィンヤードは最低賃金で支払われて安いので、ここへ来るという。

ここだと景気のいいときは建築工事だと1時間15ドルもらえる。最低賃金だとカリフォルニアは8ドルにしかならない。州によってはもっと安い。その仕事が1日、運が良ければ1週間、時には1カ月。そうすると国に残してきた家族にたくさん仕送りができる。

メキシコには3、4年ごとに帰りたい。そしてまたカリフォルニアにやってきて働く。いつかはお金をためてメキシコでビジネスをしたい。妻と娘を残して働きに来ている男性は毎週仕送りをしている。

もう一人はランドスケープ、建築工事、コンクリートミキサーの仕事ができるそうで、親戚がいたのでソノマにやってきた。他の若者は将来もソノマに住んで、ここで家族を作ってガードナー（庭の仕事）のビジネスをして暮らしたいという。

「なぜ英語を勉強して別の仕事に就かないのかな？」、マルコに聞いた。

「彼たちはいつか時間ができたら勉強したいと思ってる。でも今はお金を稼いで国に送らなければならないんだ。僕は父親がサポートしてくれたから、学校に通って勉強してきたけど、もし家族に仕送りをしなければならなかったとしたら、ぼくもそうしていたと思うよ」

マルコのようにしっかりとヴィジョンを持ったメキシコ人の青年たちが増えて、いずれカリフォルニアを支えていく一員になるのだと思う。

ワイン産業を支えるメキシコ人

カリフォルニアのワイン産業はメキシコ人なしではここまで発展しなかった。セラー、畑の手入れを一手に引き受けてこなしているのはメキシコ人たちだ。

この土地で生まれ育った世代は、高い教育を受けていろんな職業に就いている。ワイナリーを所有する人や、シェイファーの醸造責任者（エリアス・フェルナンデス）のように、ナパ生まれのメキシコ系アメリカ人が存在する。

ロブレロ・ワイナリーや、ミ・スエニョといったワイナリーの所有者はゼロから出発して、今、彼たちの造ったワインが認められている。

ミ・スエニョ（スペイン語で私の夢という意味）のオーナーであるロランド・エレラは、15歳のときに不法移民としてカリフォルニアへやってきた。1985年にレーガン大統領が不法移民の恩赦をしたとき、市民権を取ることができた。

オーベジュ・デ・ソレイルで皿洗いとして働き始めた。高校3年生になった彼が、スタグス・リープ・ワイン・セラーで石の塀を積み上げる作業に雇われていたときのこと。

当時のオーナーだったビル・ウイナルスキー氏が、一生懸命働くエネルギーに満ちたこの若者をみて、ハーベスト（収穫期？）をワインセラーで働かないかといってくれた。それがワインにかかわるきっかけとなった。

昼は学校へ夜はセラーで働いた。その働きが認められてセラーで10年間働いた。最後の7年間はセラー・マスターに任命されている。その後、シャトー・ポテレ、ヴァン・クリフで醸造責任者として働く。2001年にポール・ホブに認められてディレクター・オブ・ワインメーキングというポジションで働いた。

「普通のセラーで働く人とどこが違っていたのかしら？」

「ギターは習えば、誰でもある程度は弾けます。醸造学もUCデイヴィス校へ行けば誰でも学ぶことができます。でも、ギターリストでも醸造家でも、誰もがベストになれるわけではありません。ロランドはワインのセンスがあったのです。ウイナルスキー氏から多くのことを学びました。それに彼はとてもクリエイティヴです」。マーケティング担当のトムが話してくれた。

1997年に自分のワイン、シャルドネを200ケース造った。ラベルも貼らずに、ボトルに詰めたものを家族と友達で楽しんでいた。それが好評だったので自分のラベルでワインを出したのだ。

ここで生産しているワインは、すべて長期リースをして自分で栽培しているブドウ畑のものを使っている。現在、ブドウ畑管理会社も経営。カスタム・クラッシュ（注文を受けたお客のためにワインを生産）もしている。すごいハードワーカーだ。

他の施設を借りてワインを造るのではなく、倉庫内に自分のワイナリーを持って、すべてをコントロール。今、倉庫を改良したワイナリーで、ワインを造っている小さなワイナリーが多くなっている。彼はその走りかもしれない。

この職に就く前はミュージシャンだったというトムは、「ビジネスが成功してもしなくても、それは自分の責任。アメリカンドリームはまだこの国では生きている」と話がとってもうまい。ロランドの話を効果的に聞かせてくれる。

ロランドは資本協力を得ているパートナーはいない。いずれ、このワイナリーがある建物も買うつもりだという。従業員は全部で4人。何から何まで4人でするので、とても忙しい。

「今があるのはハードワーク、すごいコストだけれど、そのリスクを受け入れる勇気。それから、ストーリーが興味深くても、いいワインを造っていないとストーリーは関係ない」とトム。

「今、メキシコ人の労働なくしてカリフォルニアのワイン産業は存在しない、と思うのですが」

「ソノマに住んでいると、カウンティが大きいからよく見えないと思いますが、ナパ・ヴァレーではメキシコ系の人たちがレストランのシェフ、ブドウ栽培、セラーと大きな部分を占めています。今後、優秀なメキシコ系の醸造家が登場して、資本を持つ人たちがお金を出すからパートナーとしてワインを造らないかというオファーが来るようになると思います」とトムは言う。

ローランドのような成功話は、まだまだ少ないけれど、確実に増えている。ナパとソノマとメンドシーノ・カウンティでは10社くらいメキシコ人が所有するワイナリーがある。

不法移民の将来

オバマ大統領が2期目に就任して、不法移民を合法移民に移行する法律案の可能性が活発に論じられるようになった。けれども、共和党はオバマの提案に徹底して反対。いまだに解決されていない。不法移民は全員強制送還させるべきという主張。ワーキングビザを与えて、仕事をきちんとこなす人たちには居住を認めるべきという意見。不法入国したということに対して罰金を徴収して、過去に犯罪経歴等がない人には永住権を求める手続きをする権利を与えるという意見。15年も20年も住んでいる人に恩赦を与えて居住を認めて、その後国境警備を厳しくして不法に越境できないようにするという意見。

不法移民がやってくるのは、不法移民を雇う人たちが存在するからだ。不法移民と知っていて雇った雇用者は、法律違反で罰金を課すべきだという意見もある。この案に反対する雇用者が多い。不法移民を雇わないと、食産業などはやっていけないというのが実情だからだ。

解決策の一つにメキシコの経済を発展させることだという意見もある。メキシコの経済状態が良くなったら、命を懸けて国境を越える人が少なくなる。

そうすると、アメリカ市民になって暮らしたいという人のみが正規の手続きを得て他の国の移民と同じようにやってくるという。まともな意見だけれど、他の国の経済を、アメリカがどのようにして発展させるのだろう。気が遠くなるような遠い道のり。解決策は途方にくれるほど難しいけれど、どこかで妥協点を見つけて、移民法が成立してほしい。

ベティの赤ちゃんだった男の子も、もう成人しているはず。自分で選んだのではなくて、親に連れて来られた子供たちが、正々堂々と大学までいって、この社会で幸せに暮らしてほしい。

アメリカで教育を受けスペイン語と英語が話せるメキシコ系アメリカ人が、カリフォルニアとメキシコでビジネスを展開し始めている。建築家志望の通訳氏にあなたは？と聞いたら、「いつか僕もそうしたい。ファンデーション（財団）を設立して例えば誰かに土地を寄付してもらって、学校や病院を建てたいんだ」。こういうしっかりした展望を持つメキシコ生まれの若者も存在する。

ソノマの大晦日

大晦日がもうすぐやってくる。

日本のお正月のように家族や親友と過ごすのがクリスマス。クリスマスの日はソノマの町のお店もレストランも、ほとんどが閉まっている。

一方、大晦日は飲んで食べてのパーティで12時を迎えて、ハピー・ニュー・イヤーと挨拶をして、翌朝は（元旦）は二日酔いで起床というのが一般的なようだ。我が家も年越しそばを食べてという大晦日を過ごすことはなくなった。

その理由はランスとサンディが新しい習慣を提案したからだった。ランスとサンディはニューオリンズが大好きで、年に数回行く。親戚みたいに付き合う友達がたくさんいるのだ。

ニューオリンズの料理からヒントを得て、蟹、年によってはロブスターをニューオリンズのスパイスを入れた大なべで茹でて、それをテーブルに広げて食べるという大晦日のパーティを開くようになった。もう10年になるだろうか。毎年ほぼ同じメンバー、12、3人で大晦日を祝う。

テーブルにまずビニールを敷いてその上に新聞紙を広げて、そこに茹で上がった丸ごとの蟹、ジャガイモ、サヤインゲン、とうもろこし、ソーセージ、ガーリックなどをぱっと広げる。蟹は1人当たり1匹。

冷やしたスパークリングワインかロゼ、リースリングなどでいただく。食べ終わるとビニールごとくるくるとまとめてゴミ箱へ捨てる。きれいになったテーブルに新しいテーブルクロスをかけて、赤ワインにチーズやコーヒーにデザートで、改めてゆったり時を過ごす。

私とリサと数人の女友達は隣の部屋にあるテレビの中継を見ていて、12時になったら、みんなに知らせるのも、毎年の習慣。

「ハピー・ニュー・イヤー！」とハグとキス。

今年も1年があっという間に終わった。何か実りのあることをしたのかなあ、と思いつつ、新年になった朝方の1時か2時に家に帰る。

「シー・ユー・ツモロー！（明日会いましょうね！）」

我が家での我流おせち料理を囲むパーティで、新しい年がスタートする。

あとがき

ソノマに住んで30年が過ぎました。

カリフォルニアワインの存在さえあまり知られていなかった頃からカリフォルニアワインを追いかけて、日本にワイン情報を送ってきました。その間、ソノマでの暮らしを書き綴ってきたものをまとめて、今回エッセー集として出版することになりました。

長い間に書き綴ったものなので、時間の流れが途切れたりしていますが、ご了承ください。


ソノマはプラザに昔の面影を残しながら、着実に変わりつつあります。

プラザから少し離れたところにセイフウエイというスーパーがあるのですが、30年前には、その角に信号が1つだけありました。今では数カ所に信号ができて、車の数も多くなり、しばしば交通渋滞が起きています。

「この車たちはどこから来たの？」なんて運転しながらぼやいてます。

冬になると閑古鳥が鳴いていたプラザですが、今はどの季節も金土日とツーリストで賑わっています。プラザにはシンプルなのから豪華なのまで28のテイスティングルームができています。

コーヒーショップで知り合った若者たちもすっかり大人になって落ち着いて暮らしています。ブレットはシカゴへ行きました。通訳をしてくれた青年はサンディエゴの大学を卒業して建築家として活躍しています。

ソノマの町立病院で産まれた娘は、弁護士としてサンフランシスコの弁護士事務所で毎日忙しく働いています。なかなか一緒に過ごす時間がなくて、母親としては嬉しいけれどちょっと寂しいです。

カリフォルニアワインの発展と共に変わっていくソノマ。ビジネスとしてのソノマの可能性を知った会社や富裕層の資本が投入されて、素朴なソノマから豪華なソノマへと変わっています。

いろんな人と知り合ったソノマですが、私の町ではなくなっていくと感じているのは私だけではないようです。素朴なソノマを愛した友人たちも同じです。

素敵な町には誰でも住みたいし訪れたいです。自然の成り行きですね。

これからもソノマの住民として、この町を、そしてカリフォルニアワインを見守っていくつもりです。

2016年初夏

ソノマにて

プロフィール

カフマン恵美子

札幌出身。カリフォルニア在住30年。ソノマを第二の故郷とし、カリフォルニアワインを追い続けている。

1986年に『カリフォルニア・ワイン・パスポート』、2009年に『女性のためのカリフォルニアワインの本』を出版。

ワインビジネスの通訳、ワイン講師、執筆とワイン浸けの暮らし。

醸造家の夫と娘の3人家族。

「www.winetalkcalifornia.com ワイン・トーク カリフォルニア」というニュースレターとブログを発信中。

カリフォルニアワインの里 ソノマの暮らし

2016年8月31日発行

著　者　カフマン恵美子
発行所　ブックウェイ
〒670-0933 姫路市平野町62
TEL.079 (222) 5372 FAX.079 (223) 3523
http://bookway.jp
印刷所　小野高速印刷株式会社

ISBN978-4-86584-149-7